d

Urs Widmer

Stille Post

Kleine Prosa

Diogenes

Umschlagillustration: Anna Keel,
›Vergissmeinnicht-Strauß von Gustav Zumsteg‹,
1998

ISBN 978 3 257 06790 3

Inhalt

Reise nach Istanbul

Ich weiß nicht mehr, wann ich dies erlebte: kürz-
lich jedenfalls, gestern vielleicht, jeden Tag. Ich
fuhr in einem Zug, da bin ich mir sicher, in einem
Schlafwagenabteil, zusammen mit meiner Frau und
meinem Kind, das ein fünfjähriges Mädchen ist. Es
war der Orientexpress, aber der Orient war noch
fern. Kann sein, dass Istanbul das Ziel war, oder
doch eher Bagdad oder Bombay, das wir allerdings
über die Seidenstraße schneller erreicht hätten. Wir
waren auch noch längst nicht so weit, in Zagreb
allenfalls, oder auch erst in Triest. Der Balkan mit
seinen herrlichen Gefahren hatte noch kaum begonnen. Der Zug hielt, fahrplangerecht. Wir hatten
auch kaum Verspätung. Und weil der Bahnhof eine
Grenzstation war, offenkundig, hatten wir einen
großen Aufenthalt, einen jener Aufenthalte der alten Art, wie es sie heute, im Zeitalter der Intercitys,
nicht mehr gibt. Obwohl die Geschichte gestern
geschehen ist; allenfalls seit jeher.
　　Ich kletterte jedenfalls auf den Bahnsteig hinab,
ohne meiner Frau und dem Kind etwas zu sagen,

denn ich wollte nur eine Zeitung oder Zigaretten kaufen. Ich bin Nichtraucher, seit immer schon; aber mein Vater rauchte wie ein Schlot, und in seinem Namen tue ich bis heute Unbedachtes. Ich ging bis zum Ende des Bahnsteigs – herumhastende Reisende, die ihr Coupé suchten; nach verbranntem Öl riechende Wolken zischten zwischen den Rädern der Lokomotive hervor – und öffnete eine Tür, hinter der ich die Bahnhofshalle und den Kiosk vermutete. Ich trat aber ins Freie hinaus. Die Tür schloss sich hinter mir; eine Tür ohne Griff. Ich wollte auch nicht zurück, ich hatte ja noch mehr als eine Stunde, zudem packte mich auch eine seltsame Erregung, Vorfreude vielleicht, oder Angst. Ich ging eine Straße hinunter, unter Platanen oder Kastanienbäumen, zwischen flanierenden Belgiern?, Belgradern? – waren wir doch schon in den Balkan eingedrungen? – bis zu einer fernen Straßenecke, an der sich tatsächlich ein Kiosk befand. Allerdings führte er nur Journale, die in einer für mich nicht lesbaren Schrift geschrieben waren, Kyrillisch nicht, auch nicht Hebräisch oder Arabisch. Aramäisch vielleicht, oder in einem uralten Griechisch, wie es heute nur noch die schwarzen Popen vom Berg Athos gebrauchen. Ich kaufte nichts, auch weil ich kein Geld bei mir hatte und weil im dunklen Inneren der runden Kioskhütte kein Mensch war, niemand vielleicht sogar oder ein Tier nur, das mit glühenden Augen nach draußen sah, stumm, bewegungslos, bereit, seine Waren vor räuberischen Händen zu bewahren. Ich wollte das nicht erproben und ging weiter, nicht rasch, nicht fluchtartig, denn ich suchte zu vermeiden, dass man in mir den Fremden erkannte. Den, der nichts von dem bösen Monster wusste, das ja vielleicht doch nur die Frau des Kioskunternehmers war, der im nahen Kafeneion just seinen Morgenkaffee trank.

Ich beschloss, zum Bahnhof zurückzukehren. Die Zeit wurde zwar nicht knapp, verrann aber doch. Ich ging um die Hausecke zurück. Da war aber nicht mehr die schnurgerade Platanenallee, an deren Ende die Bahnstation hätte leuchten müssen, sondern ein schmaler Weg, der steil nach unten in ein schwarzes Tal hinabführte. Auch fröstelte ich plötzlich. Da wollte ich nicht hinab, gewiss nicht; auch packte mich nun so etwas wie Angst. Nicht sehr, nicht überschwemmend, aber immerhin. Ich drehte mich um und ging eilends zur Straßenecke zurück. Da war nun auch keine Stadtstraße mehr, da war eine Steige, eine Steintreppe, die steil, voll nassem Laub, in die Tiefe führte, aus der diesmal allerdings hoffnungmachende Häuser im Tal zu sehen waren, unter einem Wolkenschleier, so wie Stuttgart von oben ein bisschen. Ich wollte nicht nach Stuttgart, ich wollte zum Bahnhof, in den Zug, zu meinen Lieben, die nun bald losfahren mussten und verzweifelten, weil ihr Mann, ihr Vater nicht zurückgekommen war. Oder sprangen sie im letzten Augenblick, als der Zug schon anruckte, auf den Bahnsteig hinunter, ohne Gepäck, ohne das Stoffschweinchen, das der Lebensbewahrer meiner kleinen Tochter war? Oder, noch schlimmer, war meine Frau schon ausgestiegen, und der Zug fuhr so jäh los, dass unser kleines Mädchen entsetzt oben in der offenen Waggontür stand, die vom Fahrtwind zugeworfen wurde und unser Kleinod einschloss, das nun hilflos verloren den Schlössern der Karpaten entgegenrollte?

Ich gelangte auch nach Stuttgart, falls das Stuttgart war; eher doch nicht. Denn ich kannte gleich das erste Gebäude, zu dem ich kam. Das war meine Schule, kein Zweifel. Nur, da war ich auch zu spät, deutlich zu spät, so deutlich, dass ich nicht einfach schief lächelnd ins Klassenzimmer treten und mich so unauffällig wie's eben ging hinter mein Pult verdrücken konnte. Sechzig Jahre sind doch eine lange Zeit, da werden die geduldigsten Lehrer unwirsch. Ich wusste zudem ja auch nicht, in welche Klasse ich musste, in die 5a oder die 5c. Ja, schlimmer noch, ich war der Lehrer, der das nicht wusste und also rastlos durch die Korridore irrte, wie durch den Bahnhof, ohne die Tür zu finden, hinter der ich auf den Bahnsteig und in den eben losfahrenden Zug hätte treten können, meine Frau und mein Kind in die Arme schließend und sie mit Küssen übersäend.

Also verließ ich die Schule wieder durchs Haupttor, ohne dass sich einer der vielen Lehrer, die wie Säbeltiger durch die Korridore strichen, um mich gekümmert hätte, mit Ausnahme eines Einzigen vielleicht, der mich mit zusammengekniffenen Augen verfolgte, knurrte und sich die Lippen leckte. Dann aber doch nicht zum Todesbiss in mein Genick ansetzte. Er steckte sich eine Zigarette an. Meine Rückenwirbel knallten und knackten, was sie heute noch tun, es ist ein Tick, ja, ein entsetzlicher, lästiger Tick, dass ich seit Menschengedenken versuchen muss, mit einem einzigen endgültigen Ruck alles Übel in mir und in der Welt wieder ins Lot zu bringen.

Ich ging also kopfruckelnd wie ein Truthahn über den Schulhof, der gegenüber einem Bahnhof war, einem anderen als dem, den ich suchte, dem von Stuttgart eben, oder wo immer ich jetzt war. Man konnte diese Schule überhaupt nur verlassen, wenn man diesen Bahnhof betrat, der ein ebenso widerwärtiges Gebäude wie die Schule war. Imponierrenaissance. – Es war inzwischen dunkel geworden. Ein paar Lichter brannten, traurig. Ich sah fern einen Zug stehen, einen stummelkurzen Triebwagen, der wie tot dastand, abfahrbereit dennoch. Ich stieg ein. Durchs Zugfenster sah der Bahnhof nun doch eher wie einer aus dem Wilden Westen aus. Ein verwittertes Holzhaus mit Schwingtüren.

Der Zug fuhr auch sogleich los. Er hatte eine merkwürdige Art, das zu tun – ich sah ja, von seinem Ende, mühelos bis zu seinem Anfang, da, wo hinter einer Glaswand der Lokführer sitzen musste –, er setzte sich nämlich mit seinem vorderen Teil zuerst in Bewegung, einer Ziehharmonika ähnlich, wurde länger und länger und nahm schnell Fahrt auf, während ich, im hintersten Teil, immer noch im Bahnhof stand. Die paar Passagiere, die vor mir saßen, entfernten sich in Windeseile von mir. Dann ruckte auch ich los, wie von einem Katapult geschleudert. Draußen raste eine schwarze Landschaft vorbei. Einzelne Lichter fegten vorüber, einmal eine Esso-Tankstelle, als ob sie flöge. Keine Ahnung, wo der Zug hinfuhr, auch war kein Schaffner zu sehen, den ich hätte fragen können. Nach Budapest fuhr dieser Zug sicher nicht, nach Niš, nach Nischni-Novgorod. Eher nach Dünkelkirchen oder Rastatt. Er war aber sehr schnell, unirdisch schnell, und nicht nur in mir machte sich bald eine Unruhe breit. Auch meine Mitgefangenen standen jetzt und riefen erregt etwas, was ich nicht verstand, vielleicht, weil ich weder des Kaukasischen noch des Dänischen mächtig bin. Sie kamen (Einzelne zuerst, hinter ihnen ein ganzer Pulk, Koffer und Taschen schleppend) durch den Gang zwischen den Sitzen mir entgegen. Sie wollten in den hinteren Teil des Zugs, da, wo ich war; als ob sie da sicherer wären. Ich, in einem Entschluss, der wie ein Befehl war, ging ihnen entgegen, kämpfte mich durch sie hindurch, raufend, schnaufend. Weil der Gang zwischen den Sitzbänken eng war, sprangen einzelne Passagiere jetzt auch über die Rückenlehnen, wie Hürdenläufer an mir vorbeischnellend. – Nach einer Weile waren alle an mir vorüber, und ich hatte freie Bahn bis zur Zugspitze, bis zur Trennscheibe aus dunklem Sichtblendenglas, hinter der ich dennoch, als ich jetzt mein Gesicht an sie presste, den Fahrer zu erkennen glaubte, eine wild gestikulierende weiße Gestalt, so weiß, wie eben ein Schatten hinter getöntem Glas sein kann, den ich nur von hinten sah. Der Fahrer musste ja die Gleise vor sich beobachten, die Signallichter, die an uns vorbeisprühten. Ich konnte durch das Glas nicht sehen, ob rot, ob grün. Ich brüllte ins Glas hinein, he!, Sie!, so lange, bis ich – ich holte gerade Atem – hörte, dass auch der Fahrer schrie.

Oder sang er, ein Untergangsgeheul? Ich hämmerte gegen die Scheibe, und tatsächlich drehte er sich um – was für ein Gesicht! –, schien mich auch irgendwie wahrzunehmen und presste sein Gesicht von der anderen Seite her ans Glas, so wie ich es von dieser hier tat. Wir starrten uns in die Augen, die keinen Zentimeter voneinander entfernt waren. Wenn nur das Glas nicht gewesen wäre! War auch er eingeschlossen? Sah auch er keine Möglichkeit, ins Freie zu gelangen? Aufmachen!, brüllte ich, und obwohl ich selten den gewünschten Erfolg habe, wenn ich brülle – schon gar nicht auf Reisen –, tat sich die Tür auf, und ich schlüpfte in den Führerstand. Der war so unbeleuchtet, wie Führerstände das immer sind. Nicht einmal kleine Leuchtknöpfe am Armaturenbrett, da war gar kein Armaturenbrett, da war überhaupt nichts, um den Zug zu steuern, keine Kurbel, keine Druckluftbremse, kein Totmannpedal. Wir saßen also Seite an Seite auf einer schmalen Lederbank, die nicht für zwei gebaut worden war. Ich sah meinen Kollegen nur, wenn ihn die draußen vorbeifegenden Lichter der Signale sekundenschnell erhellten. Grün, rot, meistens rot. Er sah mich nicht an, er sah mit weit aufgerissenen Augen nach vorn. Da vorn war nichts. Da vorn war nicht vorn, das begriff ich jäh, als ich die unter uns hinwegfegenden Schwellen bemerkte, da war hinten. Wir waren am Ende des Zugs und fuhren in die Gegenrichtung. Die Signallichter stürzten von uns weg, nicht auf uns zu. Die anderen Passagiere hatten sich geirrt, als sie meinten, sich retten zu können, wenn sie dem Zugende entgegeneilten. Sie waren an seine Spitze gerannt, direkt in ihr Unglück, das den Zug nun auch ereilte und der erwartete Gegenzug war. Die Propheten behielten recht. Jetzt!, kreischte der Lokführer, der in Wirklichkeit der Bremser war, der Einzige im ganzen Zug. Jetzt! In der Tat entgleiste unser Zug, kaum war sein Ruf verhallt, mit einer so ungeheuren Wucht, dass das Zugende steil in die Luft geschleudert wurde und auf irgendwelche Felder krachte, über die ich, als ich aus meiner Ohnmacht erwachte, ziellos zu kriechen begann.

Totenstille. Schwarze Nacht. Ein fernes Getrümmer, aus dem Flammen schlugen. Auch der Gegenzug war nicht verschont geblieben. Er glich, obwohl auch von ihm nicht viel mehr als verbogene Metallteile übriggeblieben waren, dem Orientexpress. Ich hastete an den Trümmern entlang, die Nase mit einer Hand des beißenden Rauchs wegen zuhaltend, und starrte entsetzt auf Koffer, Schirme, Hüte. Kannte ich diese Schuhe, dieses abgerissene Bein? – Ich war der Einzige im Zug, der am Leben geblieben war. Meinem Freund hatte es nicht geholfen, sich ans Zugende zu retten. Er lag zerschmettert auf dem Rücken, den Mund zu einem Grinsen oder Schrei verzerrt. Ich schloss ihm die Augen, und dann auch den Mund. – Dann nahm ich mein Bündel, das die Katastrophe unversehrt überstanden hatte. Ein paar Brandspuren allenfalls, Blutspritzer. Wieso übrigens hatte ich jetzt einen Wegsack, wie ihn die wandernden Handwerksburschen haben? Egal, er gehörte mir, und ich machte mich über die weite Ebene davon, an deren Horizont die Lichter eines Weilers leuchteten. Halbwegs wandte ich mich nochmals um und sah die Flammen, die blau aus den Trümmern züngelten.

Ich weiß nicht, wie es kam, ich tat kaum vier oder fünf Schritte – mit Siebenmeilenstiefeln, schien es mir – und stand schon vor der Tür des Hauses, das mir von weit her zugeblinkt hatte, einer Villa mit Zinnen und Giebeln, deren Fenster aufflackerten, als würden Fackeln an ihnen vorbeigetragen, und auf deren Dach Tiere hockten, die, als hätten sie statt Augen Scheinwerfer, auf mich niederspähten. Über ihnen ein voller Mond. – Ich stieß die Tür auf und war sogleich in einem Getümmel von Menschen, die überall standen und saßen und gingen und schwatzten und lachten. Eine Party. Ich kannte den einen oder anderen Gast, viele Gäste eigentlich, auch wenn mir jetzt die Namen und Vornamen nicht einfielen. Allerdings randalierten auch schwarze Gestalten herum, die mir unbekannt waren. Alle riefen sich über alle Köpfe hinweg Scherzworte oder Beschimpfungen zu, tanzten mit heftigen Verrenkungen, tranken aus der Flasche, küssten sich. Gab es Musik? Ein dicker Mann kam mit einer dampfenden Schüssel Spaghetti aus der Küche – dort hinten musste die Küche sein –, stolperte und schüttete die ganze Pasta über einen niederen Tisch. Begeistertes Kreischen, Applaus. Der Mann versuchte, seinen Sturz aufzuhalten, und stützte sich mit beiden Händen in den Spaghetti auf. Er brüllte vor Schmerz. Seine Hände waren rot – die Spaghetti waren alla bolognese –, blieben es auch, nachdem er sie an allerlei Gästen und Vorhängen abzuwischen versucht hatte. Überhaupt begann das Fest zu entgleisen oder war längst entgleist, denn die finstern Gestalten kippten inzwischen alle Bücher von den Regalen und rissen sie in Stücke. Es waren *meine* Bücher, wir waren in *meiner* Wohnung! Auch hatte sich einer der punkigen Freaks über eine Freundin von mir hergemacht, die ich als braves Mädchen kannte und die sich, den Oberkörper vorgebeugt, mit beiden Händen auf der Sofalehne abstützte. Er hatte ihren Rock hochgeschoben, seine Hosen lagen auf seinen Stiefeln, eine gräuliche Unterhose war quer über die Knie gespannt, und er tobte gegen die Hinterbacken der Freundin, die schrie und kicherte und stöhnte. Er hatte eine Zigarette im Mund, die auf und nieder wippte.

Ich floh in ein Zimmer, in dem niemand war. Oder doch: Es dauerte nämlich einige Minuten, bis ich eine Frau sah, die sich am Boden wand und das gewiss schon bei meinem Eintreten getan hatte. Sie hielt ein Kissen gegen ihr Gesicht gepresst, das brannte, und sie, die doch auf diese Weise keine Luft kriegen konnte, schlug mit den Beinen gegen die Möbel, als könne sie sich so befreien. Gleichzeitig aber ließ sie das Kissen nicht los. Ich half ihr nicht, ich war wie versteinert. – Auf einem Schragen lag mein Vater, der gestorben war. Er war auch hier tot, so wie ich ihn einst gesehen hatte. Papa!, sagte ich zu dem Kadaver und hielt mir mit beiden Händen Mund und Augen zu, denn wie kam ich dazu, meinen Vater einen Kadaver zu nennen. – Jetzt stand auch meine Mutter neben mir. Das brennende Kissen hatte ihr das Gesicht verwüstet, aber ich erkannte sie trotzdem auf der Stelle. Das Kissen glühte immer noch, aber sie hielt es jetzt nachlässig in einer Hand, die wohl auch längst so angesengt war, dass sie keinen Schmerz mehr verspürte. Sie empfand ja überhaupt nie Schmerz, das kam mir jetzt in den Sinn, sie konnte vom Küchentisch stürzen und sich einen Arm brechen und lachen. Kälte fühlte sie keine, sie ging in Rock und Bluse in die Winternacht und kam nach einer Stunde zurück, kaum blau angelaufen. Sie war doch auch schon tot! Oder täuschte ich mich da? Ich bin's, sagte ich vorsichtshalber, ich bin auf der Durchreise. Ich bin immer mit dir, sagte sie mit ihrer ganz normalen Stimme. Das weißt du doch. – Ich nickte. Sie hatte recht, und im Übrigen hatte ich auch früher immer genickt, wenn meine Mutter etwas sagte. Aber ich musste weiter. Jetzt hörte ich in der Ferne wieder das Festgetümmel. Also stürzte ich in meine Wohnung zurück. Die brave Freundin schrie just in einer wilden Ekstase, und der schwarze Mann hielt seinen Kopf wie betend in die Höhe. Die Zigarette fiel zu Boden und begann ein Loch in den Teppich zu brennen. Hinaus!, brüllte ich. Alle raus! Aber niemand kümmerte sich um mein Gebrüll, im Gegenteil, ein Kumpel, mit dem ich in alten Tagen durch die Kneipen der Stadt gezogen war, packte mich – sanft eigentlich, aber keinen Widerspruch duldend – am Kragen und setzte mich an die frische Luft. Da lag ich im Kies. Über mir in der Dachrinne hockten immer noch die Tiere und wieherten wie Pferde. Der Mond noch immer.

Ich stand auf. Kam denn nie ein Morgen, ein Nachmittag? Denn an einem hellen Nachmittag hatte ich den Zug verlassen, also konnte ich ihn auch an einem Nachmittag wieder besteigen. An einem Abend allenfalls. – Ich ging, ging, ging. Der Mond sank nach einer Weile tatsächlich hinter den Horizont, und eine rote Sonne ging auf. Ich ging auf sie zu, denn Konstantinopel lag im Osten. Ich kann mich nicht mehr an die Einzelheiten erinnern, es kam mir unterwegs manches spanisch vor, albanisch. Mazedonisch vielleicht. Minarette jedenfalls, Muezzingeheul aus der Ferne. Ein paar Mal versuchten mich Wölfe zu fressen. Ich lebte von Wurzeln und Pilzen und fühlte mich manchmal wohl und zuweilen unwohl. Zu größeren Krisen kam es auch, einmal lag ich krank am Wegrand, und einmal erschlug ich einen Straßenräuber, einen großen Kerl, von dem ich zumindest annahm, dass er ein Räuber war. Vielleicht hatte ich ihn auch nur nach dem Weg gefragt, und er hatte geantwortet, dass ich da aber ganz falsch ginge und in die Gegenrichtung müsse. Zu viel war zu viel.

Jedenfalls, als ich in Byzanz ankam, fand ich den Bahnhof ohne Mühe. Auch der Bahnsteig 3 war sauber ausgeschildert, auf Türkisch, und ich hatte sogar noch Zeit, die *Sunday Times* und ein Päckchen Zigaretten zu kaufen. – Da fuhr auch schon der Zug ein. Achtzehn Uhr null drei, sekundengenau. Die Türen gingen auf, und bald kamen mir unzählige Reisende entgegen. Ich stellte mich auf die Zehenspitzen und hüpfte und lugte, um meine Frau und mein Kind zu erkennen. Ich sah sie aber erst, als sie vor mir standen. Meine Frau war eine Greisin geworden, und meine Tochter eine Frau. Sogar das Stoffferkel, das meine Tochter mit einer Hand herumschlenkerte, hatte die Haare und auch sein Ringelschwänzchen verloren. – Wir umarmten uns, als sei nichts gewesen, und schon während wir den Bahnhof verließen, war uns klar, dass tatsächlich nichts gewesen war. Wir waren einfach in Istanbul angekommen, und da hatten wir ja auch hingewollt oder hingemusst.

Yal, Chnu, Fibittl, Shnö

I

Im Anfang war eine Stille; das All still, still. Wenn es Götter gab (ein Name für was?), dann wohnten sie in jenen Löchern, die das All überhaupt ausmachten. Wesen nur aus Trommelfell. Der Lärm, wenn am andern Ende der Milchstraße zwei Meteorite zusammenstießen, konnte sie töten. Oft auch *kam* es zu Götterkatastrophen, und es mag sein, dass es (in sogar den Göttern unsichtbaren Fernen) Göttergötter gab (noch empfindsamere) und dass auch diese noch fernere Götter hatten. *Ewig* war ein Längenmaß.

Für die Zeiträume, in denen sich ein Götterdasein abspielte, gab es kein Wort; nur für Menschenzeit dann. – Wann wirbelte das erste Gen im All? Wieso? Unser Ahn, von den Magnetfeldern der Sterne hin- und hergerissen? Auch die Götter kannten ihre eigene Zukunft nicht. Keiner ahnte, dass dieses einsamfliegende Etwas der *Mensch* werden würde. Dabei sahen die Götter, selber fast nur

Ohr, doch bald seinen sich bildenden Mund; aber sie konnten sich die merkwürdige Öffnung nicht erklären (sahen sie, mit ihren interesselosen Äuglein, vielleicht gar nicht recht). Sie ließen das Rätsel auf seiner Umlaufbahn, auch als es sich (von Sterntrümmern zerfetzt?) teilte und wieder teilte, bis viele solcher Gebilde das lichtlose Zentrum des Alls umkreisten. Es war ja so viel Platz in der Stille. Die Götter schliefen, immer eigentlich, ineinandergeklumpt, von Farben träumend. Wir würden sie grün nennen; blau, gelb. War in den Träumen der Götter die Erinnerung an etwas, was es vor diesem All schon gegeben hatte? Woher sonst die herrlichen Bilder? Waren die Hoffnungen der Götter gefrorene, plötzlich schmelzende Erinnerungen? – Inzwischen wuchsen die Menschen heran, viele nun beinah schon uns Heutigen gleichend, durchs Nichts rasend auf unzähligen Umlaufbahnen; manche einander nah (nur wenige Kilometer voneinander parallel fliegend), andere so, dass sie sich nie zu Gesicht bekamen, und viele auf so verschiedenen Umlaufbahnen, dass sie nur jeweils, wie ein entsetzlicher Schrecken, urplötzlich aneinander vorbeizischten und gleich wieder hinter dem Horizont verschwanden. Dann wieder nichts. Ferne, kalte Sterne, da, dort. Irgendwann gab es welche (Menschen), die waren einander doch so nah, dass sie versuchten, sich zu verständigen. Sie hatten ja Arme, Beine, und endlich riss einer diesen bisher unbemerkt gebliebenen Gesichtsschlitz auf und ließ ein ungeheures Stöhnen aus sich heraus. Ein ähnliches war die Antwort. – Die Götter in den stillen Löchern saßen wie vom Donner gerührt. Als sie dem All die Augen zuwandten, alle aufs Mal jetzt, sahen sie es voller fliegender Menschen, und alle stöhnten, erschüttert oder entzückt von ihrer neuen Fähigkeit. Das All schluchzte. Die Götter, in denen es dröhnte, zogen sich immer weiter zurück, in menschenleere Bereiche, aber die gab es kaum. Nur fernere. Da saßen sie zusammengekauert, in neuen Haltungen, so dass immer einer mit dem Hintern auf dem Ohr des andern saß. Aber sie waren ja fast nur Ohr. Es gab keine Ruhe mehr. – Es gab auch keine Erde. Hatten die Götter so viel Kraft der Einbildung, den Nebeln zu befehlen, fest zu werden: ein Ort, an dem sich das Lärmen konzentrieren sollte? Auch die Menschen waren ihm nur kurze Zeit gewachsen. Dann zerfetzte der Lärm das Leben, und es gab den Tod. Die neugeschaffenen Tiere hielten ihn zuweilen nur einen Tag lang aus. Schildkröten, deren Ohren unter einem Panzer lagen, einige hundert Jahre.

Der erste der im All treibenden Menschen, der auf die Erde prallte, stürzte in ein Gewässer, über dem noch die Wolken der Schöpfungshitze lagen. Mit den gleichen Bewegungen, an die er sich im All gewöhnt hatte, ruderte er an ein Land, wo er dann im heißen Schlamm stand, in kochenden Nebeln. Er schrie und schrie, und vielleicht starb er, weil er sich totschrie, und ein anderer begründete später mit einer andern die Erdenmenschheit; vielleicht aber war wirklich der Erste schon der, dem der Zufall eine Frau zuwarf, ins selbe Gewässer, auch sie panisch rudernd, und dann berührten sich zum ersten Mal die, die bis jetzt nur im Tempo des freien Falls aneinander vorbeigeflogen waren. Haut; warme, wärmer werdende Haut. Sie pressten ihre Münder daran und schwiegen. Ließen die Hände über den andern gleiten, seine rätselhaften Formen entlang. Die Zunge. Und irgendwann geschah das Wunder, das bis heute eines ist, und ein unvermuteter Stockschwanz des Manns verschwand in einer unerwarteten Höhle der Frau, und es war der Beginn der Menschheit. Die kurze Hoffnung der Götter, die Menschen wieder sprachlos gemacht zu haben, hatte getrogen.

Alles in Allem war farbig. Es gab Blau, Gelb, Rot, Grün, kein Schwarz. Aber auch Yal, Chnu, Fibittl und Shnö, die heute ausgestorben sind. Alle waren in vollkommener Gleichmäßigkeit in Allem verteilt. Alles klirrte, weil die Farben sich wiegten und sich an ihren Rändern streiften. Das war ihre Sprache. Selten nur schlugen zwei, die etwas Schweres miteinander auszutragen hatten, mit der ganzen Macht ihrer Farben aufeinander ein. Für einen Darüberschwebenden, den es aber nicht gab, hätte Alles wie ein unendlich Gesprenkeltes ausgesehen. Nie waren zwei gleiche Farben Nachbarn. Das heißt, als es vorkam, war es der Anfang vom Ende, wenn jetzt das Ende ist; und was spricht dagegen. Irgendwo geschah es in dem glücklichen Gemisch, dass doch zwei Gleiche nebeneinandergerieten (denn alle Farben verbanden sich, ohne Plan und mit wunderbarer Sicherheit, immer neu). Es waren zwei Shnö. Sie fanden an ihrer Gleichheit Gefallen. Trennten sich nicht mehr, und irgendwann zogen sie ein drittes Shnö an. Bald gab es überall ähnliche Shnö-Herde; unabhängig voneinander hatten sie einen Ballungstrieb. Aber auch die Gelbstrahlenden verbündeten sich; aus Freude; denn nur Freude gab es in Allem. Beim Sprechen mit den anderen

Farben (die klein geblieben waren) merkten die großen, dass sie, ohne sich anzustrengen, die besseren Argumente hatten. Widersprach ein Ocker oder Fibittl, schlug der Klumpen mit der ganzen Wucht seiner Überzeugung zu und behielt recht. Sehr bald war Alles aus dem Leim. Und bald standen ein geballtes Gelb und ein geklumptes Shnö nebeneinander. Nahmen sofort den Dialog auf. Sprachen und sprachen, und bald schepperte Alles so laut, dass viele der anderen Farben es nicht mehr aushielten. Chjj und Übil zum Beispiel verloschen, ohne je mit einem dieser Lauten gesprochen zu haben; ihr ferner Klirrschall genügte. Die Farblosigkeit der heutigen Welt hat mit dem zu lauten Sprechen zu tun. Und bald *sprachen* die Gelb und Shnö nicht mehr, sie fraßen. Fetzten sich Farbflecken aus den Leibern, bis alle Gelb, die überlebten, innen shnö waren und alle Shnö, die es noch gab, gelb innen. Alles tobte wie im Fieber. – Aber noch immer gab es riesige Bereiche, in denen die anderen Farben (viele, viele) in altem Glück funkelten und summten. Andererseits verschwanden zwischen den Zähnen der Fresser solche, die gar nicht gemeint waren. Darum gibt es heute Gelb (denn die Gelb blieben übrig), die neben ihrem Shnö-Schein ein Uüt-Leuchten oder einen Brnnde-Anteil haben. Die letzten Erinnerungen an nie gesehene Farben. – Heute heißen die Gelb Sterne. – Alles dünnte aus. Es blieb ein blasses Blau. Kein Gelb aß jemals ein Blau, und den Blau machte der Lärm nichts aus. Sie gerieten ihrerseits mehr und mehr nebeneinander, bis sie eine Blaumasse bildeten, die die der Gelb um ein Vielfaches übertraf. Aber anders als diese hatten sie keine Lust an der Macht. Sie überlebten durch ihre schiere Masse. Es war kalt geworden. Im neuen Blaumeer (die Blau waren als Einzige eisig) schwammen die vereinzelten Gelb und froren. Alles wurde zum All. – Mitten im Alles (längst bevor es sich zum All beruhigte) hatte es früher schon ein Gelb gegeben, das so sehr wucherte, dass es sogar den anderen Gelb unheimlich wurde. Es fegte unfassbar schnell durch die Farben und fraß eine Spur genau in seiner Maulbreite: vor sich Farbgefunkel, hinter sich Blau. Wenn das gefürchtete Maul auf sie zukam, schrien die Farben Ahh!, ihren Todesschrei, und der wurde der Name des Schrecklichen. Ahh! fegte so gnadenlos durch Alles, dass es sich auch kleinere Gelb einverleibte, die noch am Verdauen von Shnö waren, in deren Innerem Chnus oder Kiongkiongs ruhten. (Heute noch zeigt Ahh! zuweilen Flecken, wenn die verschlungenen Farben an die Oberfläche gebrodelt werden.) – Später lernten die Gelb, Ahh! aus dem Weg zu gehen, und in Menschengedenkzeiten hat

Ahh! keine Gelb mehr erwischt. Ahh! wird heute Sonne genannt, nicht von den Gelb, aber von den Menschen. Denn deren Erde ist ein erfrorenes Gelb. – Die ersten Menschen werden heute Indianer genannt. Sie selber nannten sich Menschen. Es kam so. Einigen der kleinsten Farben gelang es, sich vor den Gelb und Shnö zu retten, indem sie sich in den Felsen der Erde (des sich verhärtenden Gelb) versteckten und sich Vögel nannten. Ihr Zwitschern war das Sirren von früher. Sie flatterten auch wie ehedem. Mühe bereitete ihnen nur, sich zu vervielfältigen; denn von einigen Farben waren nur noch drei, vier Stück übriggeblieben. So lernten sie das Denken in Generationen, und bald zwitscherte es überall. Laut leise hoch tief. Über ihnen trieb Ahh!, ein Wal, in dessen Meer kein Plankton mehr war. Aber mit dem Zeugenkönnen erfuhren die Vögel auch das Sterbenmüssen. Die erste tote Farbe ließ alle ratlos; den Tod zu lernen ist schmerzvoll. Die Vögel weinten. Ihre Tränen bildeten Rinnsale, die die Flüsse wurden: die der Kolibris der Amazonas, die der Geier der Mississippi; und den Rhein schluchzen heute noch die Bergdohlen aus sich heraus. – Aus den Vögeln kam der Mensch, und das kam so. – Heute tragen viele nur noch *eine* Feder. Zu Beginn aber waren die Menschen über und über gefiedert. Sie aßen Körner und schliefen auf Bäumen und legten große ovale Eier, deren Schale die jungen Menschen mit ihren Schnäbeln durchschlugen. Niemand weiß, warum die Schnäbel zu weichen Nasen wurden. Gleichzeitig wurden die Eierschalen immer dünner, und eines Tages legte eine Mama ein Kind ohne Schale. Seither gebären alle Frauen im Hocken. Dieses Kind hatte zwar noch alle Federn am Leib, aber es konnte nicht mehr fliegen. Rings um sich sah es die großen Ahnen, wie sie von Wipfel zu Wipfel schwebten. Ihm gelangen nur noch kurze Hüpfer. Und einmal, auf der Flucht vor einem Bären (es gab nun auch andere Tiere) stürzte es einen hohen Felsen hinunter. Dieses panische Flügelschlagen hat sich als kollektive Erinnerung dem ganzen Menschengeschlecht eingegraben. Noch heute träumt jeder einmal davon. Auch gilt der Bär als Feind. Am Fuß des Felsens hockte das Menschenkind in einem glühenden Sand. Niemand sonst flog in dieses Tal des Tods. Die glatten Felswände ließen kein Entkommen zu. Das Kind lernte, den Skorpionen und Schlangen auszuweichen, dann, sie zu essen. Wasser gab es nur als Regen. Das Kind wäre gestorben (es starb! Alle starben damals!), wäre nicht eines Tages ein zweites Kind in den Felsenkessel gestürzt, wieder ein flügellahmes, so dass der Verdacht entstand, dieser Schreckbär sei ein verkleideter Ahn, der die geheimen Todesurteile der Gemeinschaft erfülle. Das zweite Kind lernte vom ersten, und als beide groß geworden waren (verrupfte Vögel mit verbrannten Häuten), waren sie ein Mann und eine Frau und schliefen miteinander in einer mondlosen Nacht. Und die Frau gebar zwei Kinder, denen die Federn fehlten, nur nicht die auf dem Kopf. Nackte Haut. Sie wuchsen in Erdhügeln auf, und als ihre Eltern starben (sie waren nun Große), nahmen sie ihnen die Federn und machten daraus Schirme. Sie nannten die Sonne nicht mehr Ahh!. Auch sie hatten wieder Kinder, denn alles Leben kommt aus Bruder und Schwester. – Erst in späteren Zeiten lösten sich diese voneinander, weil *alles* auseinanderstrebt. Weil das Ziel der Welt das Getrennte ist. Wenn einst auch das heute noch Zusammene getrennt sein wird, wird jeder Mensch ein anderes Wort sein, und die Menschheit eine Sprache, die niemand mehr versteht. – Unzählige Federlose tummelten sich bald in dem Tal, alle mit Sonnenschirmen, die sie inzwischen auch aus Schlangenhäuten und Schildkrötenpanzern zu fertigen gelernt hatten. – Von fern hörten die Altvögel, die Ahnen, ihre Stimmen. Die mutigsten (der ehemalige verkleidete Bär und ein über und über mit roten Federn bedeckter) wagten sich fliegend in das glühende Tal hinab. Das vom Sand widergeworfene Ahh!licht drohte sie zu verbrennen, aber sie hielten die Hitze aus und schwebten minutenlang über den Menschen, die erregt nach oben deuteten. Mit letzter Kraft kamen sie aus der Hitze heraus und berichteten, was sie gesehen hatten, nämlich, da unten seien Teufel, und es sei die Hölle. Dann starben sie. Die Ahnen klagten so laut, dass die Menschen in der Grube ihren Lärm für ein weiteres der vielen Zeichen nahmen; viele versuchten die neueste Himmelserscheinung (die sie den Roten Kometen und den Großen Bären nannten) zu deuten, und alles in allem liefen die Deutungen darauf hinaus, dass das Ende gekommen sei, oder ein Anfang. – Zum ersten Mal versuchten die Menschen, aus ihrem Menschengrab auszubrechen. Sie kletterten die Steilwände hinauf und stürzten ab. Aber irgendwann kamen ein paar Kletterer doch oben an. Ein unglaubliches kühles Grün, in dem Quellen sprudelten und Gazellen huschten. Hoch auf den Bäumen jene Federvögel, von denen sie nicht wussten, dass sie ihnen ihr Dasein verdankten. – Später wurden sie ihre Beute. – Sie halfen allen anderen aus der ewigen Falle; nur die Lahmen und die Blinden wurden zurückgelassen. Sie jagten Bären und die klobigen Großvögel, die sich widerstandslos von den Ästen herunterschießen ließen. Aus ihren Federn machten wir uns Triumphhüte.

Nun wurden die Meere so voll, dass sie über die Ränder der Erde hinabflossen und als gewaltige Eiszapfen ins All hingen. Aber es war eine schöne Zeit. – Die Frauen, mit denen wir schliefen, waren nicht mehr alle unsere Schwestern; aber noch die meisten. – Dann erschlugen wir uns mit Stein und Bein. – Dann mit Kreuz und Schwert. – Mit Korn und Pulver. – Freunde. Wir werden sterben, wenn wir nicht wieder fliegen lernen. Warum sollten wir es nicht können. Schaut her, ich werde es euch lehren. Wir werden auf den Ästen der Bäume sitzen wie die Väter: ihr, Mädchen, werdet Eier gebären. Wir werden die Schwestern lieben.

Macht und Ohnmacht

Der Sklave spricht:

Der Hof ist unermesslich groß, der Palast. Glas, Metall, bis in die Himmel. Zinnen, Zacken, Wehrtürme. Die Empfangshalle, aus Marmor, deine Schritte hallen, wenn du minutenlang auf die Damen am Desk zugehst. Sind hinter Glas, schusssicher, sprechen durch Mikrophone. Grellrote Lippen, ochsenblutfarbene Tailleurs, alle. Die Wächter blau. Siebzehn Aufzüge, drei express, halten nur ganz oben. Aber in die kommen nur die Würdenträger, der Erste Statthalter, der Geheimdienstchef, der Chief Investigator, die sieben Weisen. In den Lift nach ganz oben. Da oben ist der Mächtige. Der Herr der Herrscher. Licht, alles voll Licht, indirekt. Alles vollklimatisiert, der ganze Palast. Wunderbar. – Über die Gräser der Gärten stolzieren weiße Pfauen, ich sag das nur, weil nie kein Sterblicher je in die Gärten vordringt, dorthin, wo der Gesalbte aller Gekrönten die Löwen persönlich füttert jeden Tag und auf seinem Panther reitet, der Herr, wenn er Kraft braucht für eine wichtige Entscheidung. Es geht um Millionen und Milliarden, Dollar und Euro und Menschenleben. Entweder er oder sie. Wir oder sie. – Wer vor dem Palast steht, sieht sein Ende nicht, seine Enden, kein Dach, der Palast verschwindet einfach im blauen Azur. Von da nach dort ist er noch viel größer, reicht bis zu den Horizonten und gewiss über sie hinaus. Er bietet Zehntausenden, Hunderttausenden Platz und Schutz und Verdienst und Leben und Sinn und Glück. Reibungslos arbeitet der Palast, ohne ein Geräusch, nur ein Summen hört man allenfalls hie und da, ein Flüstern, ein Rennen, Hasten, ein stummes Schreien, ein stilles Töten, nie mehr als das. Kein Bellen, kein Brüllen, keine Wut, keine Panik. Nie. Glasklare Strukturen, das ist das Entscheidende für das Herrschen im Palast. Eindeutige Hierarchien. Da kann kein Zweiter Redeneinflüsterer kommen einfach so und dem Ersten Schwarzkontenverwalter die Butter vom Brot, unvorstellbar. Dass der Dritte Informant Stadtmitte etwa dem Ersten Kissenträger, undenkbar. Die Arbeit des Palasts ist Krieg, auch in den Zeiten des Friedens, jeder ist gnadenlos mit jedem, das ist das Gesetz, sonst herrscht weder Ruhe noch Harmonie. – Ganz oben ist natürlich Er, der Machtvollste aller Machtvollen, ohne sein Know-how, seine Pracht ginge gar nichts. Die Sonne ginge nicht auf. Wir haben ihn alle schon gesehen, aber niemand vermag zu sagen, wie er aussieht. Wie genau. Man beschreibt ihn nicht. Allenfalls seine Stimme, die kennen alle, die hat jeder schon gehört, aus dem Radio, aus den Lautsprechern in den Straßen und Parkanlagen und Bahnhöfen. Wer auch nur das Echo der Stimme des Mächtigen hört von fern, von hinter den Bergen, um die Palastecken herum, jenseits der Bürotür, der wirft sich auf den Boden, leckt den Staub weg vom Parkett, wagt weder die Ohren zuzuhalten noch den Blick zu heben. Das gilt insbesondere, wenn der Herrliche im Fernsehen spricht. Da wäre er zu sehen, von ganz nah, in seiner weißgoldenen Prunkuniform vielleicht, aber keiner blinzelt auch nur zum Bildschirm hin. So kennen wir nur den Schall, oh, und die Schuhe des Großen, schwarze Schuhe aus feinstem Leder, Krokodil vielleicht oder Damhirsch, mit Stahlkappen vorn, die töten, wenn er zutritt. – Jeder hat schon diese Stimme gehört. Dieses Bellen, das nicht weiß, was Widerspruch ist. Keiner hat den Mächtigen je gesehen. – So ist das, für die Pfründeverwalter, die Kassenwarte und die Obersten Geistlichen Würdenträger, die Reichsverweser, die Senior Consultants, die Marschälle und Höchsten Richter, die Generäle natürlich, bis hinab zu den Türstehern, den Vorkostern, den Bodyguards, den Säckelträgern, den Köchen oder den

Ersten und Zweiten Tellerwäschern. Für mich, den Letzten der Letzten. Ich bin der Sklave. – Der Palast bezahlt keine Steuern, er erhebt sie. Er verdient kein Geld, er druckt es. Er kennt keine Gnade, er ist die Gnade.

Der Mächtige spricht:

Ahh, mächtig sein. Herrschen. Ich bin groß. Ohne Ende. Überall bin ich, da, da, dort, bis zum Himmel. Ich bin der Himmel. – Durch den Palast gehen, die Würdenträger stürzen in den Staub, wie Schilf, wie Getreidehalme, ich bin ihr Wind, ihr Sturm, ihr Halt. Ohne mich geht nichts. Es gibt kein Etwas außer mir. – Doch. Meine Stimme. Was für eine Stimme, meine Stimme. Du Schöne. Du Herrliche. Wenn ich meine Stimme erklingen lasse, bin ich unverletzbar. Ewig. Diese Stimme, mein gewaltiges Sprechen ist mir überkommen von Ahn zu Ahn, zurückgehend bis zu Emu dem Großen und dem herrlichen Zaban und König Salomo. Jeder von ihnen sprach mit dieser Stimme. Ich habe sie dem alten Herrscher in kühnem Komplott entrissen, man muss sich das vorstellen, mein Vater ein Eseltreiber, ich der Herrscher aller Herrscher. Der Erbe Salomos, von Vater zu Sohn. So geht die Stimme, wird immer vom Tüchtigsten gesprochen. Herr der Herrscher, das ist mein Titel, Mächtiger,

Machtvoller, Herrlicher, Hirt aller Herren, Kanzler aller Kanzler, Chef. CEO der CEOs. President of all Presidents, Kaiser, Meister, Führer aller Führer. Das sind meine Titel, das befiehlt meine Stimme, die Stimme der Macht, der nie einer widerstand, deren Klang jeden lähmt, der daherkommt in unredlicher Putschabsicht. Ahh, viele klettern den Berg hoch, auf dessen Spitze ich stehe, ich höre sie, höre das Scharren ihrer Schuhe, und ich höre sie stürzen, ihre Schreie, wenn ich nach ihnen trete mit schnellem Tritt. Je höher sie steigen, desto tiefer stürzen sie. Da, vor mir, am Abgrund, wenn ich da ihre Finger sehe, so trete ich drauf, so, so. Ganz unten, im Nebel, sind scharfe Felsen, wie Schwerter, da stecken die Usurpatoren einer neben dem anderen, Hunderte, ein Blutbad, ein Garten des Todes.

Der Mächtige spricht von der Aufklärung:
Die Aufklärung ist das A und O jeder modernen Gesellschaft. Sag ich Ihnen nur. Ohne eine Aufklärung können Sie das einundzwanzigste Jahrhundert nicht bestehen. Die Aufklärung muss den hintersten Winkel der hintersten Hütte des hintersten Dorfs im hintersten Tal erreichen. Es darf keinen mehr geben, Mann, Frau, Kind, der nicht aufgeklärt ist. – Oh, da gibt es viel Widerstand gegen die Segnungen der Aufklärung. Ganze Dörfer, ganze

Sippen, ganze Stämme wollen einfach nicht aufgeklärt sein. Können es nicht, noch nicht. Können nicht frei entscheiden. Souverän, unabhängig, gerecht. Schaffen das einfach nicht. – Aber ich werde die Aufklärung persönlich durchsetzen. Eigenhändig überwachen. Wer sich der Aufklärung widersetzt, ich werde ihn aufklären bis zum letzten Blutstropfen. Bis ins Jahr 2014 wird jeder Bürger des Landes aufgeklärt sein. Jeder, ohne Ausnahme. Ich werde genaue Richtlinien festlegen. Wer sie nicht befolgt, wird gnadenlos zur Rechenschaft gezogen. Gnadenlos, und wenn das Blut der Schuldigen eimerweise zum Himmel dampft. – Die Menschenrechtskommission zum Beispiel. Eine wunderbare Organisation. Ich bin der Erste, der die Menschenrechte verteidigt. Die Gleichheit aller. Die Freiheit. Das war immer schon und ist immer mehr meine Lebensmaxime. Das Gerechte. Jeder Mann an seinem Ort, nach seinen Kräften, nach seinem Verdienst. – Zum Beispiel die Frauen. Gerade die Frauen. Ich war ein Feminist, bevor es überhaupt Frauen gab. Als man die ersten Frauen zu Gesicht bekam, war ich längst da und sagte ihnen, da ist euer Platz, emanzipiert euch, befreit euch, steht zu euren Gefühlen. Aber eins nach dem andern, das Andere nicht vor dem Einen. Es dauert seine Zeit, bis eine Frau ein Mann wird. – In anderen Kulturen, da ist das natürlich einfacher. Da ist das gewachsen. Da gab es eine Revolution. Eine französische und andere. Aber wo hat es hier je eine Revolution gegeben. – Da denke ich immer an Marx. Ja, an Marx, von dem können wir noch manches lernen. Davon spreche ich doch schon die ganze Zeit. Auch die Revolution muss ich selber machen. Die Solidarität. Alles muss ich selber machen. Tag und Nacht sage ich den Würdenträgern, seid solidarisch, revolutioniert euch, ohne eine Revolution und eine Solidarität kriegt ihr kein Bein mehr auf den Boden heute. Ohne eine Liberalität, die international kompatibel ist. Kurze Entscheidungswege und glasklare Rahmenbedingungen. Ohne eine vernetzte Liberalität haut gar nichts mehr hin. – Aber klappt das? Nein, es klappt nicht. Und darum nicht: Es sind die kulturellen Unterschiede. Niemand kann eine Kulturstufe einfach überspringen, einfach so, also von der untersten Stufe gleich auf die oberste springen. Das geht nicht. Das macht das Volk nicht mit. Die Bevölkerung. Die Arbeitnehmer. Die Lohnabhängigen. Die Konsumenten ganz allgemein. Die denken nicht daran, liberal zu sein, revolutionär, solidarisch. Da machen die einfach nicht mit. – Die Verantwortung trage ich. Ich allein. Mit allen Konsequenzen. Das ist das, was der Mann auf der Straße übersieht. Was die Weltöffentlichkeit übersieht. Sie lässt mich nicht schlafen, die Verantwortung. – Zuweilen schon, natürlich. – Dabei: Was habe ich nicht alles verändert seit meiner Thronübernahme. Ich habe das Abschneiden der Hände und Füße verboten, das war meine allererste Amtshandlung sogar, bei geringfügigen Delikten. Ich habe den gesetzlichen Mindestlohn um drei Prozent angehoben. Ich habe das soziale Netz zu knüpfen begonnen, Knoten für Knoten, Faden um Faden. Exekutionen müssen nun nicht mehr von den nächsten Verwandten ausgeführt werden, es geht im einundzwanzigsten Jahrhundert nicht an, dass immer nur der Vater seine Tochter erschlägt, der Sohn die Mutter, wenn die ein todeswürdiges Verbrechen begangen haben. Ehebruch. Berühren der Haut eines Ausländers. Verschieben von Devisen auf Banken im Ausland, die dem Palast vorbehalten sind. – Den Handel mit Menschen habe ich geächtet. Konform mit der Menschenrechtskonvention und mit allen Konsequenzen. – In der Praxis ist er allerdings nicht ganz leicht zu unterbinden. Diese Ärmsten der Armen kommen bei Nacht und Nebel über meine Grenzen und wollen bei mir arbeiten, die muss ich ja gar nicht mehr einfangen mit aufwendigen Treibjagden wie früher. Sie stehen einfach da, ohne Papiere, mit Frauen und Kindern an den Rockschößen. Ja, da lass ich sie halt arbeiten, für nichts und wieder nichts, wenn sie's so wollen. Hilfe zur Selbsthilfe, sag ich immer. Zu den Krokodilen will ja keiner. Sie nicht. Ich nicht.

Der Folterer spricht:

Ich habe Zeit, ich bin der Folterer, nichts weiter als der Folterer. Ich habe jede Menge Zeit. Sag nichts, sag nur nichts, ich genieße meine Zeit hier mit dir, dein Verrecken, wenn du dann noch nichts gesagt hast um sechs Uhr, achtzehn Uhr, dann kommt meine Ablösung, wir sind beide für dich da, und dann dessen Ablösung, falls du immer noch nicht die Wahrheit gesagt hast und immer noch nicht verreckt bist. – Der Herr aller Herrscher stellt keine Fragen. Er weiß nicht, wie, er weiß nicht, woher, er will es nicht wissen. Er weiß von nichts. Er bekommt alle Antworten. – Ja, da hängst du jetzt am Fleischerhaken, Kalb, muh dich aus, muh muh, ja, genau so, ich nehm das zu den Akten, muh ist eine Aussage wie eine andere. Klar, muh, mir ist das auch klar, das ist nicht so einfach, auszusagen mit dem Kopf nach unten, da schießt einem alles Blut in den Kopf, obwohl, alles ja nicht, gell, Ochs, das Blut, das dir da aus deinem Bauch rinnt, das ist auch nicht unbeträchtlich, die Gedärme da, ist deine Schuld, und übrigens, wo soll ich den Haken sonst hintun? – Was? Ist das jetzt eine Aussage oder was? Hä? Ja, was schreib ich jetzt, Schwein? Es ist immer dasselbe mit euch. Zuerst große Reden schwingen in euren Geheimversammlungen, so eine Klappe, und hier, am Haken: nichts. Aber das macht nichts. Wir haben ja unsere Informanten bei euren geheimen Besprechungen, protokollieren alles, wörtlich. Komisch, du bist der, der am meisten gequatscht hat, und jetzt: Muh. Immer nur Muh.

Die Mutter des Mächtigen spricht:
Du bist zurück vom Feldzug, sagst du, Sohn. Du hast gesiegt. Aha. Ein Triumph. Soso. In den ganzen südlichen Provinzen lebt keiner mehr. Du hast gewütet. Leichenfelder. Ah ja. – Das sagst du jedes Mal. Und jedes Mal denke ich, das hat er gut gemacht, doch, zum ersten Mal hat er etwas gut gemacht. Und ich freu mich, ja, ich freue mich. Aber dann lebt trotzdem die Hälfte noch, und ganze Dörfer sind unversehrt. – Nein, Mama, rufst du, diesmal, ich versprech's dir. Der König der Feinde, in einer Rüstung aus Gold an der Spitze von zehntausend Kämpfern, schnaubte, tobte, aber du hast ihn in offener Feldschlacht, mit dieser deiner, der da, niedergeworfen in den Staub. Du! Das soll ich dir abnehmen, Sohnemann? Dass er als Beute in deinem Triumphzug geht? Nackt? Ein blutiger

Dreckhaufen? Dass du ihn demütigen wirst, wie noch nie ein Feindeskönig gedemütigt worden ist? Ihn anspucken? Das soll ich dir abkaufen? Dass du ihn den Krokodilen vorwirfst? – Beim Letzten, als du ihn den Krokodilen, weißt du noch? Stunden dauert das, hast du mir versprochen. Und dann. Zwei Bisse, ein bisschen Blut, aus. Hat kaum geschrien, der Vorige, war tot. – Ein Versager bist du. Ein Nichts. Eine Pfeife. Ein Elend. Ein Dummkopf. Ein totes Holz. – Dein Papa hat! Komm mir nicht mit deinem Vater! Mit dem! *Mein* Vater, der war ein Mann! Hoch wie eine Felswand, ein Bart wie eine Schaufel. Muskeln wie Stahlseile. Wenn er sprach, zerfetzte er deine Trommelfelle. Wenn er zur Tür hereinkam, wurde es dunkel. Augen wie Steine. Der erschlug ganze Feindeskohorten mit einem einzigen Keulenschlag, ganz allein. Der stand allein vor der Stadt, brüllte auf, zeigte sein Schwert, und alle ergaben sich und beugten den Nacken auf den Block und ließen sich den Kopf abschlagen von ihm persönlich und dankten den Engeln noch, während ihr Haupt in den Staub stürzte, für dies Privileg. Der war ein Mann. – Dein Großvater schwamm jeden Morgen im Bassin mit den Krokodilen. Jeden Tag. Die Krokodile schwammen in der Ecke, wenn er in jener. Die waren nicht blöd, die passten schon auf. Aber es kam dennoch vor, dass er im Eifer, in der Lust, in der Erregung seine Zähne ins Genick eines Krokodils schlug. Ja, da verendete es dann halt, da konnte es noch so sehr um sich schlagen und die anderen um Hilfe bitten. Das half nicht. Das Gleiche mit Klapperschlangen und den Löwen. Wann hast du das letzte Mal ein Krokodil totgebissen, ich frag dich nur. – Also.

Der Höchste Geistliche spricht:

HErr im Himmel, ich danke dir, ich bin der Herr, vor dem die Herren der Welt im Staube liegen, die ich salbe, die ich leite, die ich tadle. Der Höchste Geistliche. Der Herr im Namen des HErrn aller Himmel. Dein Stellvertreter. – Du bist der, der gibt und nimmt, und ich nehme in deinem Namen. Und gebe. Wenn die Weltenherrscher ihre Feinde zerstückeln, die Frauen schänden, die Kinder zerfetzen, bin ich wachsam und lasse es nicht zu, dass auch nur eine einzige Menschenseele, und sei sie die kleinste, dir entgeht in deiner Sammelgier. Voll sind deine Himmel mit armen Seelen, gesammelt von mir in deinem Auftrag, den du mir erneuerst mit jedem Morgen, den du Tag werden lässt, wenn ich dahingesunken bin im stillen Gebet, zu den Himmeln heulend, HErr, beschenk mich, belohn mich, schau, wie ich in deinem Namen wüte. Was kann ich denn besser machen, sage es mir, offenbare es, wie kann ich besser noch in deinem Namen sengen und lieben? – Kein Frauenauge wird je von einem sterblichen Mann erblickt, da, wo ich herrsche in deinem Namen, kein Stück Haut wird entblößt, keiner denkt nicht einmal in meiner Herrschaft an die Haut der Frauen, diesen Glanz, diesen samtenen Flaum, ich nicht, die Männer nicht, die Frauen selber nicht und sogar du nicht, HErr, der du sie erschaffen hast, die Haut, die weiche Haut der Frauen, dieser Bestien, die unser Geschlecht garantieren. Darum ist es den Männern auferlegt, die Höllen der Ehelust zu durchleben, diese Schande, diese Beschämung, auf dass dem grässlich-nächtlichen Tun Kinder entsprössen, Männerkinder, die aber ebenso oft Frauenkinder sind, die wir abtun müssen in stillem Ritual, in geheimer Segnung, auf dass du deine Seelensammlung äufnest. Eine Katze hat sieben Leben, ein Mann drei, eine Frau eines. – Meine Stadt ist nicht an einem Tag gebaut worden, und sie wird nicht an einem Tag fallen, o nein, ah, nein, also das gewiss nicht. Ich bin dein Bollwerk, HErr, auch wenn ich keine drei Schritte mehr tun kann, ohne zusammenzubrechen, auch wenn ich keinen Besucher mehr empfangen kann, ohne dass ich seinen Namen und seine Bestimmung noch während des Gesprächs vergäße, auch wenn mein Herz keine dreißigmal die Stunde mehr schlägt und jeder Schlag ist wie der letzte. – Ich leite in deinem Namen, HErr, das größte Bankhaus hienieden. Seinen Gesetzen, den deinen, hör hin, HErr, wird Nachdruck verliehen mit der Gewalt des Zinses, des Zinseszinses, und der Shareholder-Value bis in den hintersten Kaffernwinkel. Ah, ja, gerade die Ärmsten der Armen sind unser Anliegen, so viele brachliegende Seelen, HErr. Hekatomben fixfertiger Seelen, man muss sie nur noch ernten. Investier keinen Heller in etwas, was bereits perfekt ist, und das ist die Seele eines Armen, weh, bereit für alles, was ich ihr antun werde, und dankbar dafür. – Die Aktien des HErrn aller Himmel stehen besser denn je, warum nicht fusionieren, HErr, aus einer Position der Stärke heraus, hast du dir das nie überlegt?, muss ich denn alles für dich denken, HErr, als sei dir alles egal?, Mann Gottes, stell dir doch vor, rechne mal durch, HErr, wenn du und jener und der Dritte dort in der Ferne, wenn allein ihr drei zusammen, von den anderen, den vielen Kleinen rede ich nicht, noch nicht, von denen mit den Elefantenrüsseln und die Milch geben durch ihre Elfenbeinbrüste, nein, nur du und der und jener, ihr drei Großen, wenn ihr *eine* Firma habt, habt ihr ein Glaubensvolumen, das völlig marktbeherrschend ist, keine Chance für irgendein anderes Göttchen. Ein Bruttoumsatz von, über den Daumen gepeilt, viel jedenfalls, die Unendlichkeit streifend. – Oh, herrlich ist's, durch die Verliese des Palasts zu streifen, kein Licht, kein Laut, alte Luft, meterdicke Mauern, hinter denen die Werkzeuge der Folter rosten, ja, wisse, ich habe in deinem Namen die Folter abgeschafft, die Folter in deinem Namen, es gibt nur noch die Folter im Namen des weltlichen Herrn, des Kaisers aller Kaiser, der nach meiner Pfeife tanzt, will er nicht, dass *er* der Nächste ist, dessen Fleisch aus dem kochenden Öl stinkt. – Und darum gibt es auch keine Frau, die es wagt, auch nur einen Klafter ihrer Haut zu zeigen dem geilen Manne, der sie benutzen will zu seiner Gier, zu seiner Lust, die nur statthaft ist, wenn sie zum Kinde führt, in demütiger Haltung gebückt empfangen von der Gattin vor dir und dem Gatten kniend, mit dem in den Staub gedrückten Antlitz, das Haupt zu meiner Stadt hin gerichtet, dann zur Stadt des anderen und endlich zur Stadt des Dritten, den drei großen Städten des gemeinsamen Glaubens, denen jetzt die Stöße des liebenden Ehemanns gelten, ein Stoß nach Westen, ein Stoß nach Osten und einer nach Süden.

Der Mächtige spricht mit seinem Sklaven von der Macht:

Macht. Gut, Sprechen wir von der Macht, Sklave. Ich spreche mit meinem Sklaven über die Macht. Das liegt in meiner Macht, das macht sonst keiner, dass er mit seinem Sklaven über die Macht. Ich mach das. – Macht bedeutet mir nichts. Überhaupt nichts. Macht als solche hat keinen Wert. Macht als Macht, für sich allein, ist ohne Sinn. – Erst unter ethischen Gesichtspunkten gelangt sie zu ihrer Bestimmung. Macht ist ein Auftrag, von Gott, aber auch von den Menschen. Es sind die Menschen da draußen im Land, für die ich die Last der Macht auf mich nehme. – Ich trage die Verantwortung für das Los eines jeden. Zu jeder Stunde, in jeder Minute. Ich atme für jeden. Ich esse für jeden. Ich liebe für jeden. Ich liebe jeden. Ich liebe *dich*, Sklave. – Da muss man oft hart sein, hart gegen sich selber. Das Volk mag leiden zuweilen, der Hunger, die Armut, diese schrecklichen Seuchen. *Du* magst sogar leiden zuweilen: aber du leidest nie das, was ein Herrscher leidet. Schmerzen, da hat das Volk keine Ahnung davon. Keine Ahnung. – Ich reibe mich auf für das Gemeinwohl. Halte Gericht, fördere die Gutdenkenden, verteile Geschenke nach den Grundsätzen meiner Gerechtigkeit. Ich wache über den Schlaf eines jeden, über sein Wachen. – Aber nimm einmal einen wie dich, meinst du, einer wie du dankt es mir? Dankst du es mir etwa? – Das mag so aussehen, für einen Besucher. Aber der Schein trügt. – Ja. Küss nur meine Schuhe. – Wahnsinn. – Genug. Ja. Ja. Ist ja gut. – Schluss jetzt, aus, habe ich gesagt. – Das mein ich. Küsst einfach weiter, der Kerl, küsst und küsst, obwohl ich Schluss gesagt habe. Ende. Nur Widerstand, Widerstand, wohin ich schaue. Meinst du, Sklave, ich weiß nicht, was du mit mir tätest, wenn *du* an der Macht wärst? – Eben. Mörderpack. Man darf euch keine Sekunde lang aus den Augen lassen. – Fort mit dir.

Der Höchste Geistliche spricht mit dem Sklaven:
    Da bist du. Da bist du ja endlich. Wirf dich in den Staub. – Steh auf, jetzt steh schon auf, was soll das. Wir sind hier nicht in der Öffentlichkeit. – Sieh mich an. Wo bist du gewesen? Wo warst du die ganze Zeit? Seit Stunden warte ich auf dich, seit Tagen. Ich stehe am Fenster und sehe in die Gärten hinab, überall Orakeldienerinnen und Pilger und Soldaten. Andere Sklaven. Aber du: vom Erdboden verschluckt. – Im Tempel hast du mich nicht angeschaut, während der heiligen Handlung, dabei warst du mir so nah, ich hätte dich anfassen können. Kein Blick von dir, nicht ein einziger Blick. – Was soll ich denn machen, das ganze Tempelrund

voll mit gläubigen Wallfahrern, mit Würdenträgern, ich kann doch nicht das heilige Ritual plötzlich, und dich an den Schultern fassen und schreien, was ist los?, was hast du denn?, kann ich doch nicht, das ist eine Jahrmillionen alte Liturgie. – Sag, was ist nur mit dir? – Ich bevorzuge dich, wie ich noch nie einen Sklaven bevorzugt habe, nie, noch nie! Und du gibst mir nicht einen einzigen Blick. – Schau mich an, schau mich wenigstens an. – Richtig! – Ich kann dich zermalmen. Ich kann dich unters Futter der Krokodile des Herrschers mischen. Ich kann dich zerstören. Du machst mich fertig. Ich liebe dich, das ist deine Macht. – Liebst du mich? – Niemand liebt mich. Auch der HErr nicht. Ich sag dir was – ein Geheimnis –, was ich noch keinem gesagt habe. Keinem Sklaven, keinem Herrn, mir selber noch nie. Der HErr liebt nicht, der HErr hasst nicht, der HErr tut einfach nichts! – Ich bin mein ganzes Tempelmeisterleben auf den Knien herumgerutscht, habe gebetet, gefleht, geopfert, die Hände gerungen, Hülfe gerufen, Amen Omen Imam geheult, und weißt du was: der HErr spricht nicht, hört nicht, ist nicht. Der Wind weht weiter, so, wie er vorher schon geweht hat, oder er hört auf, oder er wird Sturm. – HErr, flehe ich, gib mir, gib mir nur einmal, was ich so dringend brauche wie der Esel die Äsung, mach, dass mich mein

Geliebter. Nur einmal! – Nichts. – Ein Kuss, ist das zu viel verlangt, ein einziger Kuss? Ich bin der Herr über alle Sterblichen hienieden, da müsste doch ein Kuss drin sein. – HErr, das ist nicht persönlich gemeint, aber schau ihn dir an, schau diesen Sklaven an, ein Stück Krokodilfutter für jeden andern außer für mich, neunzehn Jahre alt ist er und hat seinen Tod vor Augen, und ich bin um die tausend und unsterblich seit meiner Geburt. Oh, HErr, an mir klebt dein Pech, seit dem Urbeginn aller Zeiten klebt dein Pech in meinen Augen in meinen Ohren in meinem Schlund. Ich habe den Odem der Hölle, ich stinke so sehr aus dem Maule, dass der da, der Göttliche, ein Sklave, sich weigert, mich zu küssen. – Küss mich! – Siehst du, HErr. Lieber stirbt er. Er würde nicht einmal meine Hand küssen, und das tut sogar der Kaiser. – Geh jetzt. Geh schnell. Schnell, schnell, nein, sag nichts. – Und komm bald wieder. Bald. Bitte. Pass auf dich auf.

Der Pressesprecher spricht:

Sie können einen Krieg führen, Sie können Schlacht um Schlacht gewinnen und den Gegner in den Abgrund bomben, ja, aber das ist nichts wert, keinen Cent, wenn Sie den Krieg nicht richtig verkaufen. An der Heimatfront. Da wird der Krieg gewonnen, zu Hause, an der Pressefront. Den Krieg verkaufen, nicht den Krieg führen, das ist heute das Geschäft. Das Kerngeschäft. Mein Geschäft. – Mein Gott, was haben wir den Feind durch die Wüste gehetzt. Über verschneite Berge. Das machen die Generäle, das machen die Jungs da draußen im Feld, das ist ihr Job. Gut, die machen das, das muss sein. Aber ich verkaufe den Krieg. Tag für Tag stehe ich da, am Pressepult im Pressezentrum beim täglichen Briefing. Wir kennen uns ja langsam, die Jungs vom Fernsehen, die Damen und Herren von den Printmedien. Wir haben sechshundertzwölf akkreditierte Journalisten bis hinab zu Blättern wie, na ja, schwarze Provinz. Kleinvieh macht auch Mist. Denen verkauf ich das, Tag für Tag. Das ist das, was Hitler falsch gemacht hat. Er hat seinen Krieg nicht richtig verkauft. Spätestens dreiundvierzig war die Luft raus, pressemäßig gesprochen. Stalingrad, medienmäßig eine Katastrophe. Das möcht ich beinah mal, so was, ein Stalingrad, wär eine echte Challenge. Wow. Tote, Tote, wie die da im Schneesturm verrecken, verkauf mal so was an der Heimatfront. Sind immerhin die eigenen Jungs. – Heute, das ist der Fortschritt, wenn Sie heute den Krieg überleben wollen, müssen Sie in die Armee. An der Front sind Sie am sichersten. Wir holen jeden raus, den hinterdümmsten Piloten, der sich von den Bodendeppen des Feinds abschießen lässt, das Arschloch, wir holen ihn trotzdem raus. Lässt sich wahnsinnig gut verkaufen, so eine Rettung. Da bringen Sie es, wenn die Bilder einigermaßen hinhauen, da kriegen Sie glattweg zehn oder mehr Wiederholungen auf einem einzigen Sender. – Ein Feind sein, ein ziviler Feind, das würd ich Ihnen weniger raten. Ein Flüchtling oder so, unsere Luft-Boden-Raketen reagieren auf Abwärme, die können nicht unterscheiden, ob Ziviler oder Militär, die sind treu wie Hunde. Zack, sind Sie tot, gerade als Ziviler. – Ist bedauerlich, klar. Aber Sie lassen sich trotzdem gut verkaufen, bis zu einem gewissen Punkt. Krieg ohne Tote, wär irgendwie lächerlich, nicht. Unglaubwürdig. Sie sind der Glaubwürdigkeitsgarant. Erinnern uns daran, dass der Krieg eine Tragödie ist. – Übrigens, in *Time-Life* war ich auf der Liste der zehn schärfsten Männer der Welt. Nummer drei. Hinter einem Schauspieler, hab den Namen vergessen, und Bill Gates.

Der Mächtige spricht über den Frieden:
Frieden für alle. Der Frieden ist unteilbar. Er steht jedem Menschen zu, der Frieden. Jedem. – Allerdings. Wir müssen realistisch sein. Es gibt keine Welt nur im Frieden. Der Tod ist immer irgendwo. – Die Götter wollen ihren Tribut. Sie sind

Raubtiere, die Götter, die Monster. Sie haben ihren Menschenhunger. – Immerhin, ihr Hunger ist endlich. Nicht grenzenlos. So und so viele Opfer im Jahr, plus oder minus. – In Frieden leben heißt nicht zu denen gehören, die die Götter fressen. Den Göttern andere vorwerfen, geeignetere. Solche, die ihnen auch wirklich schmecken. – Unsere Kultur sieht das nun mal nicht vor, den jähen Tod, das massenweise Verrecken, das Verhungern in Horden, da sind andere Kulturen viel besser vorbereitet. – Afrika. Afrika in allererster Linie, ganz klar. Eine Opferkultur, großartig. Die wollen das selber ja, die flehen geradezu um den letalen Biss der Götter, den finalen. Sind kulturell vorbereitet auf das Gefressenwerden. Denkt nur an die Löwen hinter jedem Busch. – Die Schwarzen stecken den Tod viel leichter weg als wir. Sie bemerken ihn kaum, individuell. Die sind nicht so wie wir, wo jedes Ich ein Ich sein will. Die fühlen im Kollektiv, der einzelne Tote, nicht wahr, das verteilt sich, das spielt kaum eine Rolle für den Einzelnen. – Ganz allgemein kann man sagen, dass diese Schwarzen den Tod freudiger hinnehmen als wir. Diese Lebensfreude beim Verrecken, eine ungeheure Vitalität. Da könnten wir uns eine Scheibe abschneiden.

Der Sklave spricht:

Der Hof war unermesslich groß, der Palast. Glas, Metall, bis in die Himmel. Zinnen, Zacken, Wehrtürme. Die Empfangshalle, aus Marmor, meine Schritte hallten, wenn ich minutenlang auf die Damen am Desk zuging. Waren hinter Glas, schusssicher, sprachen durch Mikrophone. Die Wächter blau. Siebzehn Aufzüge, drei express, hielten nur ganz oben. – Über die Gräser der Gärten stolzierten weiße Pfauen. – Wer vor dem Palast stand, sah sein Ende nicht, seine Enden, der Palast verschwand einfach im blauen Azur. – Ganz oben war Er, der Machtvollste aller Machtvollen. Nie hat ihn einer gesehen. Den Unschaubaren. Ich, ich kannte nur die Schuhe, die töteten, wenn sie zutraten. Ja, und von fern, diesen fernen Klang der Stimme. – Das ist vorbei. Das kommt nie wieder. Der Palast. Er kannte keine Gnade, er war die Gnade. Was soll aus mir werden, ohne ihn. Ohne den Herrn der Herren. Es wird nie wieder sein wie früher.

Damals und jetzt

Ich habe ums Jahr 1978 herum eine Handvoll Texte geschrieben, die, aus welchem Grund auch immer, ungedruckt in meinem Papierhaufen verschwunden sind. Jetzt habe ich sie wiedergefunden. Da sie auch heute noch zu mir sprechen, wenn auch zuweilen mit einer etwas fremden Stimme, habe ich ihnen Antworten geschrieben. Damals *und heute.* Ich um die vierzig Jahre alt, *ich mehr als 70.* Damals, *jetzt.*

I

Der oder das Kamasutra ist schwer zu verstehen; den Sinn seiner Buchstaben zu erfüllen ist fast unmöglich. Ka ist die Freude davor, Ma das Aufwachen der Feuer, Su das Tosen der Glut und Tra der zarte Nachhall. Die Chinesen haben nie Missionare zu uns geschickt, nur wir zu ihnen; die Chinesinnen lachen heute noch.

Daran dachte der Missionar aber nie, damals, ge-
mütlich zwischen den Schenkeln seiner Chinesin
steckend: dass ihm eines Tags jedes Kamasutra He-
kuba sein könnte. Heute ist er keine 60, kaum 70,
nicht mal 80. Allenfalls geht er auf die 90 zu. Er hat
das Ka vergessen, weiß nichts mehr vom Ma, erin-
nert sich nicht ans Su, und das Tra ist verklungen.
Nun hat der Missionar eine Prostata, einen PSA-
Wert und einen imperativen Harndrang. Manch-
mal, in seinen Träumen, liegt seine Chinesin wieder
bei ihm. Sie lacht. Er weiß nicht, warum. Er hat es
nie gewusst.

2

Der Beginn der Sintflut: knöchelhohe Wellen zu-
erst nur. Der Messias ist flüssig. Es stand in allen
Verheißungen und flammte aus allen Menetekeln.
Aber niemand las sie. Jetzt ahnen die Bewohner der
Tiefebenen, was werden wird. Alle hätten eher ein
Feuer erwartet, ein glühendes Fauchen. Haben Lö-
cher aus Asbest. Die Tiere haben die Kiemen-
atmung nicht vergessen; nur wir. Bei uns genügt ein
Schluck des Messias. Er ist nicht salzig, eher süß.

Ich weiß nicht, wie es euch ergeht. Mir steht der Messias bis zum Halse. Zu Beginn der Sintflut war es richtig schön, sie zu beschreiben. Wie herrlich war die Apokalypse! Die vier Reiter, ein Genuss, ihnen beim Galoppieren zuzusehen. Wie sie heulten, wie sie mordeten! Und dann, es verreckten am fernen Jüngsten Tag ja alle! Alle, nicht nur du und ich. Da war das Ende fast beinah gut auszuhalten. – Heut aber fehlen mir die Wörter. Die Bilder. Ich kann mir das Ende nicht mehr vorstellen, ich will es nicht. Und diese Ahnung, dass es doch nicht alle trifft, nur viele, sehr viele, darunter mich und dich und die Lieben. Die Apokalypse, nah, schafft Blutbäder, in denen Einzelne, die Sieger wohl, in steinernem Siegestaumel von da nach dort waten.

3

Die Schwarzen verrecken, die Gelben und hie und da ein Weißer. Es ist nicht auszuhalten, daran zu denken; noch weniger, das Gedachte zu verstehen; und überhaupt nicht, das Verstandene zu fühlen. Es zerrisse uns in Stücke. Eher glaube ich, dass es einen Gott gibt und dass er es unter einer Opferrate von zwei Millionen per annum nicht macht. Ich bin erleichtert, nicht erschüttert, wenn mir das

Fernsehen sagt, auch in diesem Jahr habe Gott seine Ration in einem anderen Erdteil gefressen. Danke, danke. Was für eine Panik, bei uns, wenn einmal die Ahnung aufkommt, *wir* könnten dran sein. Schamlos paktieren wir mit Gott, werfen uns in den Dreck, weil wir denken, das gefällt ihm. Zeigen auf die gelben Asiaten und die schwarzen Neger, und keiner von uns bedenkt, dass Gott blind und nasenlos über Teichen und Weihern schwebt.

Wir sind dran. Alle unsere Tricks haben nichts genützt. Wir sind entdeckt worden. Nutzlos war es, kontraproduktiv, dem Blinden und Nasenlosen schönzutun. Wir haben die Erde so klein gemacht, dass jeder jeden sieht. Es gibt keine Horizonte mehr, hinter die wir uns ducken können, und was einst eine Lebensreise war, ist heute ein Wochenendtrip. Kein Wunder, dass jetzt alle auf uns zeigen. An den Küsten der Wüsteneien werden die Schiffe gerüstet, Messer werden geschliffen, Schwerter geschärft. Befehlsrufe, heilige Gesänge, aus dem Mastkorb das Zeichen, dass der Wind günstig steht. Tausende von Schiffen pflügen durch die Wellen. Hei, wie die Segel knattern! Zur Stunde des Gebets bindet der Steuermann das Ruder fest, und alle werfen sich auf die Planken, die Köpfe zum Heck hin. Wir, am Ufer, hören das näher kommende Geheul der Be-

tenden und sehen zu, wie sich die Schiffe in den Sand unserer Strände graben. Männer mit Messern im Maul und Gürteln voller Sprengstoff springen an Land. Nun können wir lange auseinanderstieben. Die Jungen werden eingefangen, uns Alten schneiden sie die Kehlen durch. So haben wir es einst auch gemacht. Denen im Urwald hackten wir die Hände ab, zum Beweis für den König, dass wir tüchtige Untertanen waren. Die, die jetzt zu uns kommen, brauchen keine Hände mehr als Beweis. Der König zu Hause muss nur den Fernseher einschalten, die breaking news. Rauch, Sirenengeheul, Beinteile, Armstummel auf dem Gehsteig. Dieses Undeutliche hinter dem CNN-Reporter, auch der König hat keine Ahnung, was das ist, ein Schatten, der über den Teichen und Weihern schwebt, mit blutigem Maule laute Schreie ausstoßend.

4

Es gab eine Zeit, in der Maler Auberginen malten. Sie saßen auf sonnendurchglühten Vorgebirgen und sahen übers Meer. Erinnert ihr euch an Picasso? Der irische Philosoph de Selby schloss aus der Tatsache, dass Picasso stets ein Bein auf dem Trottoirrand und das andere auf der Straße hatte, er sei kein Mensch, sondern ein Fahrrad gewesen. Es gab eine Zeit, in der die Maler bis in den Himmel sahen.

Mit der ersten Schönheit, die sich fraglos über die ganze Erde verbreitet hatte, ist es lange vorbei. Auch Picassos Schönheit war längst eine Schönheit der zweiten Art, immerhin tobte um seine Frauen und Faune ein Weltkrieg herum. Die weiße Taube war nicht unschuldig. Kein Wunder, dass Picasso sich an die Götter der Griechen zu erinnern versuchte. An die Göttinnen. Die hatten in der ersten Schönheit gelebt. Alles war so wirklich schön, dass es das Wort schön nicht gab. Die Göttinnen saßen auf den Uferfelsen am Meer und schauten den Delphinen zu, von denen hie und da einer der verwandelte Zeus war. Manchmal kam Zeus auch als Stier daher, als Schwan. Wenn er auch die Menschinnen von damals bluffen konnte: keine Göttin fiel auf seine faulen Tricks herein. Sie ließen sich vom Schwan verführen, weil sie das wollten, und wenn er es geschafft hatte, riefen sie mit verstellter Stimme, nein, so was, das bist ja du, Zeus, wenn ich das gewusst hätte! So kam jede Göttin auf ihre Rechnung, damals, als die Erde schön war. Als dann die Menschen das Sagen hatten, wurde die Verdüsterung mit jeder Generation größer. Die griechi-

schen Marmorhauer konnten sich noch einigermaßen an das Licht der Ursprünge erinnern. Fast, als
hätten sie es selber noch gesehen. Die späteren Maler mussten sich schon mehr anstrengen, sie wussten
nicht mehr, ob das von ihnen Gemalte Erinnerungen oder Phantasien waren. Picasso kannte die
Schönheit gerade noch vom Hörensagen. Er fand
sich nicht damit ab, blind wie alle zu sein, und er-
fand sie neu. Schuf sich und uns neue Augen. Wir,
heute, kennen auch die Schönheit Picassos schon
wieder nur noch als ein Gerücht. Für uns sind längst
auch Fett und Filz schön. Es ist dennoch schwieriger
denn je, Schönheit zu erschaffen. Viele paktieren
deshalb mit dem Hässlichen. Mit der Gewalt. Vor
der Gewalt zieht jede Schönheit den Kürzeren. –
Was den Philosophen de Selby betrifft: er war ein
kleiner Mann, in einem schwarzen Gehrock, aber
Picasso war ein äußerst schönes Fahrrad.

5

Herrgott, ich habe es geschafft. Ich habe es geschafft. Durch diese ganze Wüste bin ich gekeucht,
da, seht meine torkelnden Spuren, die Füße und die
Hände. Ich hatte den Blick auf die flirrende Stadt
am Horizont geheftet, die am Horizont blieb, jah-

relang. Und jetzt stehe ich vor dem goldenen Tor, und es ist eingestürzt. Herrlich ist diese weiße Stadt des Südens und der Verheißung, aber niemand mehr klagt an ihren Mauern, und die Minarette schweigen. Die Grabplatten sind zerborsten. Ich habe den Jüngsten Tag in der Wüste verschlurft.

In Hiroshima starben hunderttausend Menschen auf einen Schlag. Grad eben noch taten sie, was sie taten – ein Butterbrot schmieren, dem Chef eine Bilanzposition erläutern –, und schon waren sie verglüht. Den Blitz hatten sie nicht gesehen, das Getöse nicht gehört, die Glut vielleicht gespürt; aber wenn überhaupt: kürzer als kurz. Ein paar bückten sich gerade unter den Waschtisch oder werkelten im Keller an ihrem Fahrrad oder taten gar nichts Besonderes und blieben am Leben. Sie hatten Glück gehabt. Sie stiegen die Kellertreppe hoch und standen, statt im Hausgang, in einer offenen Ebene, in der, da und dort, Mauerreste brannten. Rauch, ein Gestank. Jetzt merkten sie, dass ihre Haut in Fetzen an ihnen hing, und begannen zu rennen. Unterwegs begegneten sie anderen Rennenden, die auch Glück gehabt hatten. Am Ende waren sie eine ganze Handvoll. Sie waren die Überlebenden von Hiroshima. Zwar starben sie später, und qualvoll, aber am Jüngsten Tag der anderen hatten sie ein

Glück gehabt, mit dessen Erklärung sich Strate-
gen, Atomphysiker und Ärzte bis heute schwertun.
Schier unverletzt der Zone 1 zu entkommen: das
war unmöglich und ist doch geschehen! Andere
hatten sogar noch mehr Glück, allen voran jener
Geschäftsmann, der sein Office an der besten Ge-
schäftslage in der Innenstadt hatte, im Herzen der
Zone 1, und an jenem Tag nach Nagasaki fuhr. Als
er ankam, hörte er von dem Desaster und eilte nach
Hause zurück, so nah heran, wie er es eben konnte.
Auch den Bahnhof von Hiroshima gab es nicht
mehr. Er war der Einzige seiner Familie (und seiner
Firma), der nicht verglüht war. Glück im Unglück,
vor allem, als ein paar Tage später auch in Naga-
saki alle verglühten, die sich in der Zone 1 aufhiel-
ten, da, wo er gewesen wäre, wäre er nicht recht-
zeitig ins rettende Hiroshima zurückgeeilt. Auch
in Nagasaki war die Explosionshitze so groß, dass
von den Menschen nicht einmal eine Haarsträhne
oder ein Fuß übrigblieb. Und doch gab es auch da
Glückliche. Eine junge Frau etwa ging mit ihrem
Kind in den Armen eine Treppe hinauf. Der Blitz
blendete sie, das wusste sie später noch. Als sie wie-
der etwas sah, war das Kind weg. Spurlos in ihren
Armen verglüht. Sie aber gelangte irgendwie zu so
etwas wie einer Sammelstelle, wo sie mit ein paar
anderen auf einem Trümmerhaufen hockte. Später

wurde sie fotografiert, registriert und bekam eine Wundsalbe. – Hunderttausend Tote. So viele sind das gar nicht. Auf solche Zahlen kommen wir, mitten im Frieden, jedes Jahr. Hunger, Aids, Friedensmissionen, Industrieunfälle, Attentate. Auch im Frieden geht es darum, Glück zu haben. In den Twin Towers: vierundvierzigstes oder drittes Stockwerk, das machte den Unterschied. – Dem Schlurfer in der Wüste möchte ich noch dies sagen: Er kommt sich jetzt vielleicht schlau vor, Gott oder Jahve oder gar Allah ein Schnippchen geschlagen zu haben. Jetzt, wo das Goldene Tor offen ist, kann er sogar auf dem direkten Weg zum Hotel gehen. Nur, Schlurfer, jetzt ist deine Reservierung im King David nicht einmal das Papier wert, auf das sie geschrieben ist. Und zu Hause nimmt niemand das Telefon ab, da kannst du auf die Tasten deines Handys drücken, wie du willst.

6

In Afrika gibt es Pygmäen, die jodeln, wenn sie auf ihre Arbeitselefanten klettern. Weil: die am Wasser rasseln und scheppern. Die in der Wüste hauchen und rauschen. Die in den Steppen knarren und stöhnen. Die in den Bergen aber singen in Terzen und Quinten. Das Echo schult sie. – Zwar ist Afrika flach, aber die Pygmäen wohnen in kreisrunden Lichtungen im Urwald. Die Bäume werfen ihre Gesänge zurück wie die Alpen die Rufe der Sennen. – In wilden Galoppen jagen die Pygmäen Büffel und Löwen auf ihren trompetenden Elefanten.

Heute, da der Kongo abgeholzt ist, ist das natürlich nicht mehr so. Zum Glück haben die Musikologen ihre Tonbandaufnahmen rechtzeitig ins Trockene gebracht. Kafka hatte einen Onkel, der im Kongo war, der würde sich heute sehr wundern. Kahles Land, schwarz verbrannte Baumstrünke, ein paar Elefanten, die, durch den Aschenboden schlurfend, Wolken aufwirbeln. – Ich kannte einen – er hieß Ernst –, der war nicht in Afrika, sondern in Bali. In einem Urwald aber auch er, in dem er sich den ganzen Zweiten Weltkrieg über verbarg. Er war es, der die frühesten Gesänge der Waldbewohner festhielt. Zwar hatte er kein Tonbandgerät, er hatte ja auch nicht mit seinem Schicksal gerechnet, aber er konnte Noten schreiben und notierte auf Baumrinden das Jodelgeheul der Eingeborenen. Heute ist Ernst tot, und auch die Wälder in Bali sind gerodet. Da waren die Eingeborenen ein bisschen selber schuld, sagte Ernst, sie hätten in ihren Urwäldern eben nicht diese wertvollen Tropenhölzer anbauen sollen. Gewöhnliche Industrieföhren, so wie sie bei uns wachsen, für die hätte sich kein Mensch interessiert. So aber. – Ernst jedenfalls, als der Krieg vorbei und er wieder bei uns war, kleidete seine Wohnung mit den edelsten Hölzern seiner Exilheimat aus. Da saß er in der Mitte des Salons im Schneidersitz und sang stundenlang in Terzen und Quinten, und die Tropenholzwände warfen sein Echo zurück, so dass du, während du das Treppenhaus zu ihm hochstiegst, hundertfach den archaischen Gesang hörtest. – Heute treffen sich die Pygmäen, die Balinesen und die Älpler bei Worldmusic-Festivals in Vancouver und Barcelona. Sie musizieren gemeinsam. Mit mobilen Schallwänden lassen sich optimale Bedingungen schaffen. Es ist großartig, die Begeisterung der jungen Musiker zu spüren, den Enthusiasmus der Zuhörer. Sie sind die Hoffnung für eine gute Zukunft.

7

Ich denke an meinen Vater, wenn mir ein verschmitzter Herr mit einer Brille begegnet. Wenn die Kinder handgeschnitzelte Schiffe die Wasserfälle hinabschwimmen lassen, sehe ich ihn. Er steht im Heck und winkt.

Ich weiß inzwischen, warum mein Vater so ver-
schmitzt ist. Er ist gerne tot. Das Leben fehlt ihm
nicht, sein Leben, unser Leben. Keine Schmerzen
mehr jetzt, kein Tageselend. Gut, er muss ohne
mich auskommen, aber ich glaube, das fällt ihm
nicht so schwer. Mir umgekehrt ja auch nicht. Er
steht im Heck des Nachens und winkt mir, ein klei-
ner werdender Herr mit einer Brille. Ein ferner
Punkt heute noch, bald verschwunden hinterm
Horizont.

8

Natürlich steigt man nicht zweimal in denselben
Fluss, du blöder Chinese. Man kann aber zweimal
in den Golfstrom steigen, zehnmal, denn der Golfstrom ist ein geschlossener Wirbel aus immer dem-
selben Wasser. Eine Runde dauert ein Jahr. Wer sich
treiben lässt ohne eine Bewegung, bleibt immer
gleich alt und wird nie sterben. Ich habe es versucht. Am dritten Tag machte ich den ersten Flos-
senschlag. Am fünfzigsten zog ich an einem uralten
Inka vorbei, der mich ansah, ohne den Kopf zu
schütteln.

Der Inka, habe ich mir sagen lassen, treibt heute steuerlos im Ärmelkanal. Weil, der Golfstrom ist auch nicht mehr was früher. Manchmal fließt er so, dann so und oft schier überhaupt nicht mehr. In der Gegenrichtung gar zuweilen, so dass der Inka mehrere Kollisionen mit anderen hinter sich hat, die nach ihm in den Fluss gestiegen sind. Das hat ihn stahlhart gemacht, und er hat im Ärmelkanal zwei Containerschiffe und einen Supertanker versenkt. Das Schweröl der Marke TEXACO versaute die Küste und verhagelte den Anrainern die Austernernte. Es gibt ein Foto des Inka, es war in der Kamera des Steuermanns des Supertankers, der, in dieser Reihenfolge, die Havarie dokumentierte und in den Tod mitnahm. Taucher bargen die Kamera und entwickelten den Film. Auf den Fotos sieht man den Inka, seinen in den Wogen des Golfstroms treibenden Kopf, auf dem er einen Federputz trägt, der, obwohl die Fotos schwarzweiß sind, in allen Farben zu leuchten scheint. Fern, näher, nah. Das letzte Bild, in hoher Seenot aus dem sinkenden Steuerhaus geschossen, füllt er ganz. Er sieht wie einer dieser Vögel aus, die man etwas später dem Fernsehen zuliebe in Bottichen badete und mit Bürsten schrubbte und dann doch, als das Fernsehen abgezogen war, ins Meer zurückschmeißen musste, weil die Federn rettungslos verklebt waren.

Einmal hielt ich meinen Vorrat für unerschöpflich, volle Kornkammern, deren Türen ich den Mäusen offen hielt. Heute sitze ich vor meinem Ofenloch, hole sorgsam die Brote heraus und lege jedes einzelne auf ein Brett. Sie sehen alle ähnlich aus seit Jahren. Ich backe nur eine Sorte Brot, aus einer Sorte Korn.

Da habe ich mich aber getäuscht! Jede Menge Bücher waren noch in der Pipeline. Meine Produktepalette wurde von Tag zu Tag farbiger und der Umsatz so groß, dass mir der Cashflow eine Weile lang bis zum Halse stand. Ich spielte mit dem Gedanken, mit Günter Grass zu fusionieren oder Martin Walser unfriendly zu übernehmen. Gerade noch rechtzeitig bemerkte ich, dass, hinter meinem Rücken, andere mir an den Kragen wollten, rotzfremde Junge, Kinder fast noch, die 1968 noch nicht einmal in den Windeln gelegen hatten. Sie berechneten schon das Synergiepotential, von mir das Beziehungsnetz, von ihnen die Sprache und der Inhalt. Und weit und breit war kein weißer Ritter zu sehen, der mir zu Hilfe eilte, nicht einmal ein roter.

Früher stieg ich auf Berge und schleuderte den Tänzern meine Tafeln an die Schädel. Ich erhob mich mehrere Zentimeter über den Erdboden und leuchtete. In den Lärm hinein brüllte ich, sie sollten aufhören, die Erde flachzutrampeln. Gleichzeitig beobachtete ich die anderen auf den anderen Bergen, wie sie Blitze schleuderten, Flammen warfen, schwebten und schienen. Unten die Tänzer tanzten. Auf den Hügeln die Propheten hüpften auf und ab.

Unten, ja, immer mehr Tänzer tanzen da, nicht in meinem Rhythmus. Auf den Hügeln die Propheten, sie sind in die Ebene hinabgestiegen, stampfen da mit ihren schweren Körpern, toben, treten, trampeln den Tänzern auf den Füßen herum. Ihre Schuhe sind aus Stein. Mir haben sie noch nichts angetan, die schrecklichen Zukunftsfürsten, aber mein Berg ist der Hügel eines Maulwurfs. Ich erhebe mich immer noch hie und da über den Erdboden, aber eher, um meinen bröckeligen Standort nicht allzu sehr zu belasten. Leuchte ich? Nachts ist es dunkel um mich herum, und tagsüber zuweilen auch.

Grappa und Risotto

Ich möchte Ihnen, meine Damen und Herren, heute eine Geschichte erzählen, in der ein Risotto und ein Grappa vorkommen. Das ist für mich kein Problem, denn ich bin im Risotto und im Grappa aufgewachsen und habe eine Familie, die aus einem recht nahe gelegenen Süden stammt, die Familie meiner Mama, und von dieser Familie erzähle ich Ihnen jetzt also, und damit auch von unzähligen Risottos und ebenso vielen Grappas. Also, ich habe keinen wirklichen Überblick über meine Mutter-familie, die einst einen sehr guten Grappa herstellte, später einen durchaus trinkbaren und am Ende ei-nen, mit dem man Autos ablaugen konnte und mit dem mein kleiner Onkel das auch tat, er laugte die Lackfarbe seines Lancia ab, schwarz, das klappte auch recht gut, aber danach stank das Auto, auch als es neu bemalt war, weiß, so sehr nach Grappa, dass es unverkäuflich blieb, also, meine Familie umfasst, grob geschätzt, ein Dutzend Tanten, nicht ganz so viele Onkel und eine Unmenge Cousinen und Vettern und Großenkel und Stiefnichten, kein

Mensch weiß, ich jedenfalls nicht, wie viele es sind, jedenfalls biegt immer noch einer oder eine um die Ecke, wenn ich meine, jetzt habe ich sie alle beisammen, es gibt die große Tante, die schwarze Tante, die sehr alte Tante, die Tante mit dem Bart, die Tante mit den nassen Küssen, die lustige Tante, die stumme Tante, die fromme Tante, und zu allen gibt es die zugehörigen Onkel, den stummen Onkel, den lustigen Onkel und den großen Onkel und den blöden Cousin und die scharfe Cousine, ja, und dann ist da noch Alma, die alle mit ihrem Namen ansprechen, obwohl jeder und jede versucht, jedes Gespräch mit ihr zu vermeiden, zu Alma geht man auch im Notfall nicht, allenfalls im alleräußersten Notfall und auch dann lieber nicht, etwa wenn man keinen Reis mehr und zwölf Gäste hat, die schon um den Esstisch herumlärmen und Grappa trinken und *fame!* rufen, dann ja, dann muss man eben, wenn man bei wirklich allen anderen gewesen ist, auch beim Bischof und auf der Polizeiwache, erfolglos, dann *muss* man zu Alma gehen und sie um einen Sack Reis bitten und gleich noch um eine weitere Flasche Grappa, das geht nun in einem Aufwasch, den kriegt man dann auch, den Grappa und den Reis, aber der Preis dafür ist, dass Alma dir alles von allen Mitgliedern der Familie erzählt, was sie weiß, alles!, von allen!, und sie weiß mehr als alles, sie erzählt also, dass die stumme Tante verstopft ist und Schleim hustet, dass die lustige Tante überhaupt nicht lustig, sondern eine Klapperschlange ist, dass die mit den nassen Küssen, auch als sie ganz jung war, schon nasse Küsse gab und dass deshalb der Sohn des Wirts, der aber eigentlich der Sohn des Bürgermeisters war, aber das ist eine andere Geschichte, und die erzählt Alma natürlich auch, in einer Abschweifung, die kaum mehr als eine halbe Stunde dauert, jedenfalls, der Sohn des Wirts und des Bürgermeisters habe von der Verlobung zu einem Zeitpunkt Abstand genommen, als ihn die Tante schon nass geküsst hatte und er sie eigentlich auch, und nun das, er kam nicht zur Trauung, einfach nicht, da wartete die Tante in ihrem weißen Schleier und hatte keinen, den sie küssen konnte, nass, da war nur der Pfarrer, und den konnte sie natürlich nicht einmal trocken küssen, item, das war das, aber da war noch die Tante mit dem Bart, von der wusste sie, dass sie die alte Tante benutzte, um ans Erbe der schwarzen Tante heranzukommen, die aber das Mahagoniholzbuffet, um das es in der Hauptsache ging, schon der großen Tante versprochen hatte, um es kurz zu machen, Alma redete mehr als alle andern, mehr als die fromme Tante – und das will etwas heißen – und viel mehr als die stumme Tante, obwohl auch die stumme Tante, anders als der stumme Onkel, der tatsächlich nie ein Wort sagte, nie, weil er der Mann der frommen Tante war und ein Bergsteiger, ein mit allen Wassern gewaschener Spitzenalpinist, er stieg der frommen Tante davon, die ihm aber nachkletterte, auf Dreitausender, auf Viertausender, auf Fünftausender, endlich auf den K2 und den Nanga Parbat, der stumme Onkel voraus, die fromme Tante hintendrein, in seinen Rücken hineinredend noch in der luftlosen Todeszone, so dass er den Gipfelgrappa wirklich benötigte, ohne allerdings danke zu sagen oder vergelt's Gott, ja, aber ich habe nicht aus den Augen verloren, dass ich »obwohl auch die stumme Tante« gesagt und dann zum stummen Onkel abgeschweift bin und den Gründen, warum dieser im Alter Ehrenmitglied des Schweizerischen Alpenclubs wurde, nämlich, er hatte als erster Schweizer alle Berge der Heimat bestiegen, manche zweimal und den Piz Campascio, der über seinem Haus in die Höhe ragte, hundertsiebenundfünfzig Mal, das Matterhorn, das Bietschhorn, das Hockenhorn, das Finsteraarhorn, das Zinalrothorn, die Jungfrau, den Eiger samt der Nordwand – eine tolle Leistung auch der frommen Tante –, die Dufourspitze, den Dom, die Cima bianca und sogar den Säntis, ich wollte sagen, dass Alma mehr als Sie und ich und eben sogar als die fromme Tante redete, *obwohl auch die stumme Tante,* wenn sie zwei oder drei Grappa gekippt hatte, zuweilen loslegte, und dann war sie ein, zwei Minuten lang Alma ebenbürtig – sie war eine Kurzstreckenspezialistin, während Alma für die Marathons begabt war –, denn bei uns gab und gibt es nach jedem Risotto einen Grappa, einen Löffel für die Tante, einen Grappa für den Onkel, das lernen schon unsre Kleinsten, ich zum Beispiel bin mit dem in Grappa getränkten Hemdzipfel gestillt und schon im Milupa-Alter mit Risotto gefüttert worden, kurz, Alma lebt immer noch und ist jetzt hundertvier, weil auch Gott sich vor ihr fürchtet und den Tag, an dem er sie zu sich nehmen will, immer erneut hinausschiebt, in der Tat bedarf es auch heute noch eines Herkules, unverletzt von ihr eine Tasse Reis und einen Napf Grappa zu kriegen, keiner von uns war je ein Herkules, außer vielleicht mein Vater, dessen Tarnung just seine zwei linken Hände waren und der ein Leben lang so tat, als verstehe er kein Wort Italienisch, obwohl er die Verse des Petrark ins Deutsche übersetzt hat und die *Divina Commedia* im Original las, auf diese Weise kam er mit allen gut aus, er lächelte, und sie lächelten zurück, und er hielt die Hand über den Titel des Buchs, das er gerade las, *I Promessi Sposi* oder *Divorzio all'italiana,* aber das war kaum notwendig, keiner in der Familie las und liest ein Wort, nicht einmal die Betreibungs- und Konkursverfügungen der Ämter, denn die Firma ging Konkurs, weil mein großer Onkel starb, der sie erfolgreich und bewundert gemacht hatte, und der weiche Cousin, sein Sohn, übernahm den Betrieb, aber ein Weingut leiten konnte er nicht so gut wie sein Vater, das sah man bald einmal, zu spät dennoch, er fuhr eben lieber Auto und liebte die Frauen und auch den Grappa, vernünftigerweise den der Konkurrenz, den er aber bezahlen musste trotz oder wegen seiner Versuche, ihn gegen seinen eigenen einzutauschen, item, er fuhr also zuerst einen Skoda und dann einen BMW Cabrio, ich spreche von damals, nicht von heute, als Autos im Allgemeinen und BMWs im Besonderen etwas wirklich Herrliches waren, atemberaubend, mit seinem BMW kam er also bis nach Menaggio oder vielleicht auch Bellagio, und eine Dame von absonderlichem Zauber sprach ihn auf der Seepromenade an, und er antwortete ihr, und es zeigte sich, dass sie Anastasia, die letzte Zarentochter, war, und eine heiße Liebe begann, das war schließlich schon etwas, just von der letzten Zarentochter geliebt zu sein, auch wenn diese – es waren die frühen fünfziger Jahre – nicht mehr taufrisch war, eine bretterdick geschminkte Dame von russischer Ausstrahlung, die hell auflachte, wenn mein Vetter ihr den Wagenschlag öffnete oder ihren Hund trug oder einen Briefumschlag voller Banknoten in ihren Ausschnitt schob, denn sie hatten zusammen den Plan gefasst, das Bernsteinzimmer in ihren Besitz zu bekommen, das Anastasias legitimes Erbe, aber in den Klauen des Sowjetregimes war, das brauchte natürlich eine Vorfinanzierung, aber wenn all der Bernstein dann da war, dann war mein Vetter ein reicher Mann, weil seine Braut mit ihm fifty-fifty teilen wollte, er das halbe Zimmer, sie die andere Hälfte, und dann konnten sie heiraten, standesamtlich nur oder russisch-orthodox, das war meinem Cousin egal, und es war auch egal, denn nach dem fünften oder siebenten Briefumschlag war Anastasia plötzlich weg und verschwunden und mit ihr das ganze Geld der Firma, oder beinah das ganze, denn der Rest ging bachab, weil die Sekretärin des weichen Vetters, recht eigentlich die De-facto-Geschäftsführerin, sich in den jungen Inhaber der Konkurrenzfirma schräg gegenüber verliebt hatte, auch sie trank, wie mein Cousin, den Grappa der Konkurrenz lieber, und eben nicht nur das, sie trank den ganzen Firmenchef leer, um es so zu sagen, jedenfalls desertierte sie mit allen Geschäftsunterlagen in sein Heim und Hof und Tisch und Bett, ja, und so nahm das Unglück endgültig seinen

Lauf, und die Firma ging definitiv pleite, und der Vetter war dann eine Zeitlang Bademeister irgendwo im Tessin – ich weiß übrigens nie, heißt es das oder der Tessin, wie mit dem Aargau, der Aargau, das Aargau, klingt beides gut, aber der Tessin ist schöner als das Aargau –, in Agno, genau, in Agno hatte er einen Kiosk, mein Vetter, und verkaufte Eis am Stiel und Fanta, traurig, alle waren traurig, nur Alma lebte auf, aber lassen wir Alma, bei Alma habe ich heute noch Angst, dass allein die Erwähnung ihres Namens bewirken könnte, dass sie erschiene hier groß vor uns, dort unter der Tür, eine Erscheinung, und ich dürfte dann nie mehr aufhören zu reden, keinen Atemmoment dürfte ich mir gönnen, denn hielte ich nur eine Sekunde lang inne, führe Alma in die Lücke, und dann spräche *sie,* und damit wäre auch Ihnen nicht gedient, denn das sage ich Ihnen, verglichen mit Alma bin ich ein Trappistenmönch, *to make a long story short again,* manchmal fahre ich mit meinem Auto das wunderbare Weingut entlang, das einmal unseres gewesen ist, auch wenn ich nur der Hundertachtundsiebzigste in der Erbfolge gewesen wäre, ein altes Kloster inmitten von Rebbergen, mit Feigenbäumen, Oleander und einer eigenen Kirche, aus deren Glockenturm früher Büsche wuchsen und der jetzt herrlich renoviert ist, denn der Konkurrent, dessen

Produkte ich nie trinke, obwohl er so etwas wie der Marktführer auf seinem Gebiet ist – sein Gebiet ist der Grappa, aber nicht nur –, empfängt Großindustrielle und Bundesräte auf seiner Prunkterrasse, die trinken dann vor laufender Kamera seinen Grappa, der einmal meiner war, unserer, nun, eben, ich liebe meine Familie über Stock und Stein, das ist so mit den eigenen Klans, ihre Mitglieder sind samt und sonders fürchterlich und entsetzlich, aber sie sind die, die man hat, ich bin ja auch entsetzlich und fürchterlich, ja, was ich noch zum Risotto sagen wollte, dass die Chinesen den Risotto erfunden haben, ist ein haltloses Gerücht und eine üble Nachrede, die Spaghetti haben sie erfunden und auch die vielleicht nicht, das könnten sie gar nicht, den Risotto erfinden, weil sie kein R in ihrer Sprache haben und also Lisotto sagen müssten, was soll das, aus dem gleichen Grund haben sie auch den Grappa nicht erfunden, sie trinken Leiswein und essen mit Stäbchen, Risotto mit Stäbchen, das glaube, wer will, ich will nicht.

In Timbuktu

O ja, auch ich bin in der Vergangenheit gereist, oft und zuweilen weit, einmal sogar in die Vergangenheit. Letzteres will ich nie mehr tun, Ersteres kann ich nicht mehr. Vorbei ist vorbei. Ich bin in Argos gewesen, in Istanbul, in Matala (dem Matala von einst: Felsen, ein paar verrückte Hippies in ihren Höhlen; ein einziges Hotel ohne jeden Komfort; und meine Frau hatte Angst, dass ich ertränke, so euphorisch schwamm ich in den hohen Wellen), einmal völlig allein in Delphi. Auch das soll mir heute einer nachmachen. – Nein, ich war nicht allein. Da war noch ein Pianist, der – ich schwöre, dass es genau so war – mitten in dem heiligen Tempelrund an einem schwarzen Flügel saß und Beethoven spielte. Er übte für ein Konzert, das am gleichen Abend stattfand. Ich ging hin und setzte mich zu den paar Zuhörern auf die Tempelsteine. Der Pianist erwies sich als blind und wurde von einer Frau zum Klavier geführt, seiner Frau vielleicht. Er setzte sich umständlich, schraubte an seinem Stuhl herum und donnerte endlich los, die *Pathétique* möglicherweise; ich habe vergessen, was genau er donnerte. Nicht vergessen habe ich, dass er nach wenigen Takten, in den Anfängen des ersten Satzes, steckenblieb und nicht mehr weiterwusste und hilflos um sich sah, nach den Noten von früher möglicherweise. Das heißt, er wandte und drehte den Kopf wie ein sterbender Vogel. Die Frau, auf so etwas wohl vorbereitet, kam auf die Bühne gestürzt und führte ihn weg. Das Konzert war aus, nach kaum fünf Minuten, und wir standen auf und verloren uns im Mondlicht. Zikaden zirpten, eine Nachtigall sang aus einem Olivenbaum. – Ich war auch, auf meinen vergangenen Reisen, in Tokio, in Mettenbach, in Anchorage, in Tremona, in Liestal, in Bergen, in Mülheim an der Ruhr, in Prag, in Sils-Maria und auch in Sils-Baselgia, in Monterey, in Big Sur, in Cambridge, Mass., in Amsterdam und in Bruxelles, in Alfermée, in Salvador de Bahía, in Paris und in Lavérune und sogar in St. Etienne, wo gerade der Fußballklub wieder in die oberste Liga aufgestiegen war und die Stéphanois das ausgelassen feierten, ich bald mit ihnen, obwohl ich einst ein Fan des FC Basel gewesen bin. – All dies habe ich in der Vergangenheit getan. Und ich könnte Ihnen jeden dieser Orte beschreiben, o ja, das könnte ich. Ich könnte Ihnen Geschichten von Tokio erzählen, Mettenbach, Anchorage (die herrlichen

Chinesinnen auf dem Flugplatz, alle eins fünfundneunzig groß), Los Angeles (meine Frau, die den Motor des Mietautos nicht mehr abstellen konnte, einfach nicht, weder mit Gebeten noch mit Fußtritten), La Rösa, Krakau, Bellagio, Tremona, Liestal (wo mein Vater, nach der Beerdigung seines Bruders, erschöpft und traurig vor der Kirche saß, mit seinem Hut in der Hand, und eine mildtätige Dame ihm fünfzig Rappen in den Hut warf), Bergen, Mülheim an der Ruhr, Prag, Sils-Maria und auch Sils-Baselgia, Monterey, Big Sur, Cambridge, Mass., Amsterdam, Bruxelles, Alfermée, Salvador de Bahía, Paris, Lavérune (wo ich das beste Gulasch meines Lebens aß, die Mutter aller Gulaschs), St. Etienne. Ich könnte Ihnen Geschichten erzählen, Geschichten! Aber ich soll, ich darf, ich will von der Zukunft sprechen. Ich werde Orte beschreiben, an denen ich noch nicht war. Vier Orte, vier von vielen. Denn die Erde ist groß und wird immer gewaltiger, für mich wenigstens, der es immer mehr mit Blaise Pascal hält und in seinem Zimmer bleibt. – Timbuktu zuerst. Mein Gott, was habe ich mich nach Timbuktu gesehnt! In Timbuktu sind die Menschen schwarz und schön und in farbige Tücher gehüllt, Körbe oder Wasserkrüge auf dem Kopf tragend. Der Niger, an dessen Ufern Timbuktu liegt, fließt verkehrt herum. Er ist der ein-

zige Fluss der Welt, der von seiner Mündung weg-
fließt, vom Meer zur Quelle. Jedenfalls haben das
ernsthafte Forscher wie Mungo Park festgestellt,
nicht über alle Maßen überrascht allerdings, denn
in Afrika im Allgemeinen und in Timbuktu im Besonderen ist alles möglich. Wie habe ich mich einst
nach Mungo Park gesehnt! Ich wollte wie er sein,
ich wollte er sein, fast so sehr, wie ich Fausto Coppi
sein wollte, oder vielleicht noch inniger. Nur sein
Ende, das blendete ich aus. Denn niemand kennt
Mungo Parks Ende. Er wurde erschlagen oder er-
tränkt oder von einem Löwen aufgefressen. Oder
alles zusammen. Wir wissen es nicht. Zum Schluss
trieb Mungos Leiche den Niger hinauf, der Quelle
entgegen, den Schakalen ins Maul, die ihn schwim-
mend an Land zerrten. – Timbuktu ist herrlich. In
der Sonne leuchtende Lehmmauern, goldene Dä-
cher. Flirrende Luft. Palmen. Verhungernde Menschen in den Gassen, das auch; wir sind in Afrika.
Ein Sonnenuntergang ist, als rase der Sonnenball,
einem abstürzenden Flugkörper gleich, in den Horizont. Und der Aufgang ist wie ein Raketenstart.
Du siehst deine eigene Hand nicht vor den Augen,
und zehn Sekunden später ist das Sonnenlicht so
grell und heiß, dass du die Augen zupresst und das
Schweißwasser dir aus allen Poren rinnt. Trink Bier,
Wanderer! Du kriegst es in einer Bar am Haupt-

platz, in der du am besten gleich über Nacht bleibst, denn am Morgen, nach Sonnenaufgang, braucht einer wie du viel Kraft und noch mehr Glück, den glühenden Platz lebend zu überqueren. Auch die Timbuktuer versuchen das kaum je, nur in Notfällen. Aber Afrika kennt keine Notfälle, weil jeder Tag ein einziger Notfall ist. So viel zu Timbuktu. – Der Polarkreis als Zweites. Da musst du, ob Mann oder Dame, warme Unterkleidung mitnehmen, heiße Oberkleidung, alles Dicke und Wärmende, dessen du nur habhaft werden kannst. Es ist saukalt am Polarkreis, besonders wenn du direkt aus Timbuktu kommst. (Das ist selten, aus Timbuktu geht man nicht weg, kaum je, weil der Bus in der Mitte des Hauptplatzes hält, in der gnadenlosen Sonne, und erst abfährt, wenn er bis zum letzten Platz gefüllt ist; was vorkommt; aber dann sind die zuerst Eingestiegenen bereits tot, auch der Fahrer. Hitzschläge, Durst.) Wir nähern uns dem Polarkreis von Süden her, wir haben den nördlichen als unser Sehnsuchtsziel gewählt. Wir gehen und gehen, durch Tundragras und erfrorenes Farnkraut. Tiefgekühlte Vögel flattern schreiend auf, Polarenten und Schneefinken. Wir sagen längst kein Wort mehr, gehen in unserer einsamen Einerkolonne, jeder auf den Rucksack des oder der vor ihm Gehenden starrend. In einsame Gedanken versunken, die oft um den Hauptplatz von Timbuktu kreisen, um dessen angenehmes Klima. Es ist dunkel, nur ein Polarlicht weist uns den Weg. Wir sind Silhouetten, sogar der oder die Geliebte sieht wie ein Scherenschnitt aus. Hier geht es ums nackte Überleben, wenn nicht just das der falscheste Ausdruck wäre: Überleben können sogar die Angezogensten und Eingemummeltsten kaum. Die Dunkelheit macht, dass wir dazu neigen, ein bisschen stumpf vor uns hinzumarschieren, ohne Sinn für das Schöne und Herrliche unserer Umgebung. So geschieht es oft, dass der oder die Vorderste der Kolonne unversehens gegen den Polarkreis prallt, sich regelrecht seinen oder ihren Schädel an ihm anschlägt, den Dutz, denn der Polarkreis verläuft – ein erdumspannender Ring aus einer unbekannten, aber festen Materie – etwa eins siebzig hoch über dem Erdboden, quer zur Marschrichtung. – Die Idee, dann eben kleinere Führer zu verwenden, Zwerge, hat sich kaum bewährt, weil diese, die Gnome, unter dem Polarkreis hindurchmarschierten, ohne ihn zu bemerken, so dass der oder die Nächste ihren oder seinen Dutz am Polarkreis anoder gar einschlug. Einer dieser Führerkobolde bemerkte das Unglück hinter ihm so wenig, dass er einfach weiterging, weiter und weiter, und so am 23. April 1768 den Nordpol entdeckte, allerdings auch dies, ohne es zu bemerken, denn der Nordpol war damals noch nicht angeschrieben. – Ich will nicht hören, nein, dass es in Kathmandu nun auch schon Coca-Cola gibt. Erstens kann das nicht wahr sein, und zweitens. Zweitens wäre ich damals in Timbuktu froh gewesen um ein noch so kleines Coci. – Kathmandu also. Es ist äußerst schwer zu erreichen, dieses Kathmandu, du musst zuerst mit der indischen Staatsbahn fahren, auf dem Dach oben oder an einen Türgriff gekrallt, von Kalkutta über Dhanbad, Patna, Gorakhpur, Bettiah bis nach Birganj an der nepalesischen Grenze. Dort musst du auf Kamele umchecken oder auf Lamas, träge Lasttiere, die nie trinken und schlafen und dorthin gehen, wohin sie wollen; und das ist nicht immer Kathmandu. Da schaukelst du im Mondlicht durch endlose Salzwüsten und steigst terrassenförmige Berghänge hinan, längst ohne Kamel, ohne Lama, mit einem Sherpa dafür, der vor dir ekstatische Gesänge in seinen Bart orgelt, die Gebetsmühle dreht und für jeden Tag 15 Dollar will; später, als er sicher ist, dass du den Heimweg ohne ihn nicht mehr findest, 25 Dollar. (Solcher Vorkommnisse wegen sind viele Nepalreisende voller Misstrauen. In der Tat ist das Misstrauen ein nützlicher Reisebegleiter. Allerdings auch ein äußerst fader, denn von ihm begleitet bleibt man meist da, wo man ist, allein mit dem

Misstrauen Tag und Nacht.) – Die Sherpas nehmen Kreditkarten. – Wie auch immer, am dreiundfünfzigsten Tag biegen wir um eine Felsecke: und sehen die Zinnen von Kathmandu. Oh, ah, das ist wunderbar. Wir haben die herrliche Stadt zwar schon mehrmals als Fata Morgana gesehen, in die Salzwüste gespiegelt, hinter fiktiven Seen gespiegelt. Als wir jetzt aber die Stadt betreten, einen Wellblechhüttenhaufen, ist alles noch viel großartiger als erwartet. Menschen, viele Menschen, alle mit irgendetwas handelnd. Glöckchen, Gewürzen, Rucksäcken. Mönche und Mönchinnen. Ein paar Neugierige auch aus anderen Ländern, die alle Rucksäcke tragen und alle im ›Kathmandu Inn‹ logieren, dem einzigen Hotel der Stadt, in dem auch wir uns einquartieren. Wir – meine Frau und ich – kriegen ein gemütliches Achterzimmer, zusammen mit sechs Briten, die für zwölfe schnarchen. Im Pub des Inn trinken wir eine Cola. Wir sind die einzigen Touristen ohne Rucksack, darum sind die einheimischen Rucksackhändler den ganzen Tag hinter uns her. Der Rucksack ist nämlich eine Erfindung aus Kathmandu, oder vielleicht aus Kandahar, ich kann die beiden Orte schwer auseinanderhalten. Sicher jedenfalls stammen die ersten Skibindungen aus Kathmandu, ich hatte selber in meiner Jugend noch solche, montiert auf Eschenholzlatten. Tatsächlich gibt es über der Stadt schneeverwehte Hänge, in die die Mönche, auf heiligen Hölzern gleitend, mit weiten Schwüngen Spuren legen, die sie dann in hitzigen Debatten deuten, diese Zeichen, diese in den Schnee geworfenen Weissagungen. Die Spuren gleichen Wellenlinien, die da und dort von einem Loch unterbrochen sind, wenn nämlich sich einer der rasenden Mönche überschlagen hat. Ich miete mir auch so Latten und brettere einen jungfräulichen Hang hinab. Stiebender Neuschnee bis unten, wo mich die Hitze der Stadt erwartet. Ich deute meine Spur, die Deutung verheißt nichts Gutes. – Später kriechen wir auf den Knien durch ein Heiligtum voller holzgeschnitzter Drachen, essen, um Töpfchen und Tellerchen kauernd, Blumen und Fischteile, von denen niemand sagen kann, wie sie nach Kathmandu gelangt sind. Denn Kathmandu ist einige tausend Meilen und Höhenmeter vom nächsten Meer entfernt. Die Einheimischen, Fischer alle, behaupten, es seien fliegende Fische, die bis hierher flögen und mit großen, an Drachen schwebenden Netzen gefangen würden. Ich denke eher, sie sind tiefgekühlt und werden von rennenden Boten in die Berge gebracht. Aber was weiß ein Fremder, heutzutage. Heutzutage essen die Menschen in Bülach Litschi oder Sushi mit Stäbchen, und in Kathmandu verschlingen sie Fondue mit Schweizer Offiziersmessern, deren Zahnstocher sie für Fonduegabeln halten. – Bleibt mir das Matterhorn. Ich habe das Matterhorn noch nie gesehen, nicht ein einziges Mal, und natürlich auch nie das liebliche Zermatt. Aber ich sehne mich danach. Ich bin ein geübter Berggänger, das darf ich von mir sagen, ich habe vor dreißig Jahren den Piz Palü bestiegen und seither noch einige Eintausender. Vielleicht nimmt mich jener sechsundneunzigjährige Bergführer mit, der noch jeden Tag z' Berg geht und sich in seiner Freizeit mit der Milka-Kuh fotografieren lässt. Inzwischen ist er wohl hundertdrei. Das käme mir entgegen, vielleicht schaffe ich es so, ihm bis zur Hörnlihütte zu folgen. Weiter will ich sowieso nicht, ich bin kein Ogi, in mir herrscht über dreitausend Meter keine Freude. In der Hörnlihütte esse ich das Gericht des Hauses, trinke einen Halben, und dann trete ich vor die Hüttentür und juchze. Neben mir der Ätti, dessen Stimme noch viel weiter trägt als meine. Unten in Zermatt nicken sich die Einheimischen zu, ja, ja, die Berggeister sind auch im neuen Jahrtausend aktiv. Die Gäste aus dem Ausland sind fassungslos. Einer macht ein Video, mit Ton, auf dem man später das bewegungslose Matterhorn sehen wird. Der Ton ist ein langgezogenes Heulen, zweistimmig, das wie ein Hilferuf klingt. Götter, helft uns in unserer Not. Der Tourist, der Macher des Videos, führt dieses später in seiner Heimat, in Oklahoma City, seiner Frau und seinen Kindern vor, und allen rieselt ein solches Rieseln über den Rücken, dass sie das Video vor seinem Ende abstellen und also nicht sehen, wie der Ätti und ich in großen Sprüngen die Felsen hinunterschnellen, übermütig juchzend. Unten, im Dorf, bin ich gehörig erschöpft, ich bin ja bald zweiundsechzig; aber der Hundertdreijährige hilft mir auf die Beine, und zusammen gehen wir in seine Stammbeiz, das ›Shopping and Fucking‹, das in seiner Jugend ›Matterhornstübli‹ geheißen hat. Wir essen Älplermagronen und trinken einen weiteren Halben. Das sind meine Reisen in der und in die Zukunft. Liebe Freundinnen und Freunde. Kommen Sie mit. Buchen Sie jetzt unter www.widmerreisen.ch, oder schieben Sie mir diskret Ihre Kreditkarte unter meiner Haustür zu. Codenummer nicht vergessen. Danke.

Das Ende Richards III.

Niemand je hatte so viel Angst wie Richard. Sein ganzes Jahrhundert toste vor Ängsten, und Richard spürte jede einzelne in sich. Oder nein, er spürte sie nicht, damals waren die Ängste so überschwemmend, dass keiner sie spürte. Ein Blick nach innen, und das Entsetzen hätte dich getötet. Alle dachten, es sei normal, in Todesschweiß auszubrechen, wenn es an der Tür klopfte. Es war normal. In der Tür stand nur allzu oft dein Mörder, dein bester Freund, was allzu oft nur das Gleiche war. Mit welcher Gelassenheit legten dann die gerade eben noch Glanzvollen ihre Köpfe auf den Richtblock. Zum Henker hochsehend (eine schwarze Kapuze vor einem schwarzen Himmel), gelang manchem noch ein anmutiger Scherz. – Man sagt, dass der wegkullernde Kopf noch ein paar Sekunden lang schauen kann, denken. Man weiß nicht, was die Köpfe dachten, wenn sie ihre blutüberströmten kopflosen Körper sahen. – Die Böden ganz Englands waren zu Richards Zeiten blutgetränkt, in allen Flüssen floss Blut, die Fußböden der Paläste waren voller Blut, aus den Fugen der Steine des Towers sickerte Blut, und sogar der Mond schien blutrot Nacht für Nacht. – Die Nächte waren das Entsetzlichste. Gegen die Gedanken der Nacht wehrten sich alle vergeblich.

Wer an einem Schloss vorbeiritt, selber auf einer nutzlosen Flucht, hörte das Schreien der von ihren Träumen Gepeinigten aus allen Luken. Er bekreuzigte sich, ritt in einem schnelleren Trab dem blutenden Mond entgegen, der ihn erwartete. – Jeder wollte auf einen Thron und räumte, weil es nur einen Thron gab, jeden, der auch dahin wollte, aus dem Weg. Jeder heulte vor Gier, jeder dachte, dass gerade ihm das Normale erspart bliebe, dass er jener Auserwählte wäre, der dann auf dem sonnenleuchtenden Goldstuhl säße. Dass seine Rivalen tot im Hof lägen. Mit jedem von ihnen hatte er einst gescherzt, pokuliert, über die Weiber geschwatzt. – Herrschen, das hieß seinen Kopf retten.

Aber immer eigentlich ging irgendwas schief (keiner lernte aus dem Unglück des Thronanwärters vor ihm), ein Freund verriet den verräterischen Anschlag, eine Amme tat das Gift ins falsche Glas, ein Versprecher während des letzten gemeinsamen Essens enthüllte die mörderische Absicht zu früh. Und schon schleppten die Häscher des Königs den zu Ehrgeizigen zum Richtblock, immer im Morgengrauen, das genau deshalb auch so heißt, in einen nassen Hof voller Nebel. Der Todgeweihte musste mit einem langen zu kurzen Strick um den Hals von den Burgzinnen in die Tiefe springen; das Seil tötete ihn, wenn er einen Meter über dem Boden war. Auf den Balkonen standen plaudernd seine Freunde von ehedem, gingen dann heiter zu anderen Beschäftigungen über. – Aber auch die Frauen starben gewaltsam. Ein Mächtiger zwang sie in sein Bett, und nach einer Nacht aus Blut und Kot wurden sie auf Meer hinausgefahren. Sie schlugen um sich, schluckten schreiend das Wasser, das sie ertränkte. Manchmal wurde eine bleiche Leiche in Samtgewändern angeschwemmt; dann bekreuzigten sich die Fischer, die von anderen Toden bedroht waren. – Kein Henker, kein Mörder, auf den seine Taten nicht endlich zurückfielen. Auch die Henker wurden gehenkt. So gesehen waren die Zeiten gerecht.

Natürliche Tode gab es keine, auch bei den Bauern nicht. Sie hackten in den Kartoffeln, und jäh brachen brüllende Ritter aus den Hecken. Die Bauern hingen an ihren Bäumen, und an ihre Beine klammerten sich ihre tränenüberströmten Frauen, die ihre Leiden zu verkürzen versuchten. – Diese selben Ritter verreckten dann keine zehn Tage später in einer Schlacht, in der keiner mehr wusste, wer Freund war, wer Feind; jeder jeden niederhackte. – Das war die Welt Richards, der nun Richard III. geworden war. Der König. Aber auf dem Thron war die Angst noch größer. Glücklich war er nie, nur dann in der Sekunde seines Todes. Der strahlende Heinrich Tudor erschlug ihn, beiläufig fast. Er lag in den Brennnesseln, sah eine milde Sonne über sich. Er atmete tief ein und aus. Er hörte sein Herz schlagen. Er war so wundersam schwach plötzlich. Nun mussten andere diese entsetzliche Welt aushalten. Er nicht mehr. Richard lächelte; starb.

Unverhofftes Wiedersehen

Du bist alt, alt geworden, und es klopft an der Tür, und du öffnest, und da steht deine längst tote Mutter, jung wie damals und lebendig wie eh und je, und sagt: Es tut mir leid. – Du sitzt in der Straßenbahn und schaust hinaus, gleichgültig, und plötzlich siehst du die Frau, die du vor fünfzig Jahren von einem Tag auf den anderen aus den Augen verloren hast, die Einzige, die Wahre, du springst auf und aus der Trambahn, sobald die nur hält, und stürzt hinter ihr drein, da weit vorn geht sie, Lara, Lara, du rennst und keuchst, und als du sie fast eingeholt hast und beinahe ihre Schulter gefasst hättest, setzt dein Herzschlag aus, und du stürzt hin, und Lara beugt sich über dich und ruft: Ein Arzt, ein Arzt, aber sie erkennt dich nicht und geht dann bald weiter, weil ja eh nichts mehr zu machen ist. – Auch sie war alt, jene Braut aus Falun, als der tote Bräutigam nach der Zeit eines ganzen Lebens im Salz eingefroren gefunden und ans Tageslicht gebracht wurde und niemand und keiner eine Ahnung hatte, wer denn dieser verschüttete jugendliche schöne Bergmann gewesen sein mochte, bis die alte Frau einen Schritt vortrat und sagte: Er ist mein Geliebter. Heute vor dreiundsechzig Jahren wollten wir Hochzeit halten. – Du bist ein Räuber, ein simpler Straßenräuber in Rio de Janeiro oder in Ciudad de México, und du raubst einen dicken Touristen im Stadtzentrum aus, Routine, er gibt dir all sein Geld sofort und ohne Umstände zu machen, und am Mittag, in einem Vorort des Nordens diesmal, ist es ein Geschäftsmann, am Nachmittag in einer Straße im Süden ein Amerikaner, und als du im Dämmerlicht des Abends, weit im Westen diesmal, deinem letzten Opfer des Tags das Messer in den Rücken drückst, dreht dieses sich um und ist erneut der dicke Tourist. Nein, nicht schon wieder, sagt er, und du gehst unverrichteter Dinge weg, wie auch er in der Gegenrichtung davongeht, ebenso verblüfft wie du über dieses unverhoffte Wiedersehen. Oder du gehst zu einer Party oder Vernissage, und eine alte ich meine ältere Dame spricht dich an – so alt wie du – und sagt: Ich bin Lina, kennst du mich denn nicht mehr?, wir haben zusammen ein leidenschaftliches Wochenende verbracht in Paris, weißt du das nicht mehr?, und du hast keine Ahnung im Augenblick und sagst, natürlich, Lina, wie geht's dir so, Lena? – Du bist endlich ein Bergmann in Falun, gehst zum letzten

Mal vor deiner Hochzeit in den Stollen, und du hörst das ferne Poltern, das näher kommende Dröhnen, und dann stürzt der Stollen ein, das Salz erdrückt dich, dein letzter Gedanke ist, nie mehr werde ich meine Braut wiedersehen, und sie mich nie mehr.

Helden

Der tapfere und gefährliche Babar ist wieder einmal aufgebrochen, wieder ist er dabei, eines seiner Abenteuer zu erleben. Heute ist er in der Schweiz, seht da, wie er durchs Rhonetal trottet, die Sonne scheint auf seinen breiten grauen Rücken. Babar ist durstig. Babar ist tapfer und gefährlich und durstig und der König von Babarville, ihr kennt ihn ja alle, den kleinen tapferen Babar mit seinem kleinen Rüssel und seinen großen Ohren. Er ist gern in der Schweiz, weil alle Schweizer Helden sind. Und jetzt erzähle ich euch eine andere Geschichte. Ihr kennt Babar, den tapferen und gefährlichen König von Babarville. Wieder einmal ist er aufgebrochen zu einem seiner schönen und gewaltigen Abenteuer, aber diesmal hat es ihn mitten in die Schweizer Alpen verschlagen. Ihr kennt sie: die Viertausender, die Dreitausender, die Zweitausender, die Tausender. In den Schweizer Alpen ist Babar erst Babar, er geht langsam, aber regelmäßig wie eine Dampfmaschine, er misstraut dem Berg und schleift eine Lawinenschnur hinter sich her. Babar setzt sich also im Restaurant ›Zur Post‹ an einen Tisch, er sitzt also da und sagt einen Tee bitte Fräulein, und dieses bringt auch sogleich einen Tee bitte. Da sieht er draußen Hans Melchthal. Schnell bezahlt er. Jetzt rennt er hinter Hans Melchthal drein. Hans Melchthal kennt den Weg zur Schlacht. Es ist die Schlacht von Sempach. Man muss sich das so vor-stellen: Rechts ist der Hallwilersee, vorne ist die Ebene mit der Kapelle und dem Gebeinhaus, links ist ein Hügelzug mit Apfelbäumen und einigen Heuschobern. In der Ebene steht der Feind. Der Feind hat Fahnen, Trommeln und Trompeten, er hat Rüstungen an und sitzt auf Schlachtrössern. In dieser Schlacht ist er aus Kreuzlingen, Schaffhau-sen, Badisch-Rheinfelden, Freiburg i. B., Lindau, Wasserburg, Bregenz und Innsbruck. Die Schwei-zer haben sich auch schon aufgestellt. Sepp Melch-thal spuckt sich in die Hände und bläst mächtig ins Harsthorn. Alle Schweizer freuen sich auf die Schlacht. Da kommt der tapfere und gefährliche Babar um die Ecke getrabt. Er gibt Melch Imseng, Sepp Hasler und Alfons Antamatten die Hand, sie sind Helden, die sich von früher kennen, und wie Brüder. Babar hat einen kleinen blauen Koffer, in dem er alles hat, was ein Held braucht. Er will es den Kommunisten schon zeigen, schon zerrt er so einen in seiner Rüstung vom Schlachtross und wirft ihn in den See. Winkelried ruft ihm etwas zu. Babar nimmt den Zweiten bei seiner Rüstung und zerfetzt ihn in der Luft. Einen, der ihm eine hinten draufhauen will mit seinem Langspieß, packt er bei den Füßen und schlägt ihm seinen Kopf an einen Apfelbaum. Jetzt ist es still ganz still über dem Schlachtfeld, die Schweizer Helden klopfen sich den Staub von den Händen und rücken ihre Hosen zurecht. Babar ist zufrieden, aber es ist traurig, dass man sterben muss, wie gern wäre er mit seinem Vater zusammen in die Schlacht gezogen, wie hätte es ihnen beiden Spaß gemacht, zusammen die Armagnaken von den Rössern zu stoßen. Babar sitzt mit Arnold Schick unter einem Apfelbaum, weißt du noch, sagt er, wie ich den Duc de Lautrignac bei Grandson in tausend Stücke gehauen habe? O ja hier, sagt Arnold Schick hier, ich hier, wenn ich diese Büchse hier nicht in der Tasche hier gehabt hätte, wär ich heute nicht hier! Einmal stand Babar bei Wind und Wetter mit entsichertem Gewehr am Rhein, da hörte er ein leises Plätschern. Babar hat tausend Diensttage, aber da hat ihm das Herz doch ein bisschen geklopft, als da möglicherweise der Adolf gekommen ist.

Und jetzt erzähle ich euch eine neue Geschichte von Babar, den ihr vielleicht aus früheren Geschichten kennt. Der tapfere und gefährliche Babar hat eine Marotte, er schreibt immer Briefe im Kopf, d. h. in Gedanken. Liebe Celestine, schreibt er, ich komme heute etwas später nach Hause, weil wir hier im Café sitzen, und Eva erzählt eine Geschichte von einem Bekannten, der einen hohlen Zahn hatte, und in dem hohlen Zahn war eine Kiste, und in der Kiste war ein Zettel, und auf dem Zettel stand ein neues Abenteuer vom tapferen und gefährlichen Soldaten Schwejk, wie er seinen braunen Pudel schwarz anmalte, weil der Oberst von Bisinger, ein niederösterreichischer Held, eine schwarze Dogge haben wollte. Liebe Eva, schreibt Babar im Kopf, ich fange jetzt an, die Geschichte vom heißen Soldaten Johnny zu erzählen, der so viel Fieber hatte, dass er eine ganze Kaserne heizen konnte, wenn er nur langsam durch die Räume wanderte. Lieber Paul, schreibt Babar in Gedanken (während er zuhört, wie Eva von einem Bekannten von ihr erzählt, der einen hohlen Zahn hatte, und während er zusieht, wie der Kellner bei Sonja eine Cola und ein Schinkenbrot kassiert und Sonja nur 20 Rappen Trinkgeld gibt), ich habe Angst, dass mir mein Kopf abfällt, dass mein Rückgrat auseinanderbricht und dass mein Haus mit lautem Knall explodiert. Die Erde bebt dauernd, ich habe breite Füße, ich spüre es. Bei 1 wackeln Gläser, Flaschen und Kerzenständer ein bisschen, bei 2 bellen

Hunde, und Hühner fliegen auf, bei 3 flackert das Licht und spült das Klo von selbst, bei 4 knirschen unbewegliche Gegenstände in ihren Gelenken, bei 5 läuten Glocken, bei 6 stürzen die Bewohner mit Hab und Gut auf die Straße, bei 7 zeigen sich in den Mauern Risse, bei 8 stürzen die ersten Garagen ein, bei 9 verbiegen sich die Bahngleise, bei 10 stürzen auch die Helden auf die Straße. In Japan sind alle Häuser aus Papier, Papier stürzt auch ein, wenn's bebt, die Japaner sitzen dann in den Trümmern und haben Papiermützen auf. Dann beginnen sie mit Schere und Kleister das Haus wieder aufzubauen. Bei uns poltern ununterbrochen die Wackersteine von den Dächern, dein Babar.

Immer seltener aber spricht unser Babar so. Er sagt jetzt: Mir nach, da hast du, was fällt denen denn eigentlich ein, da wollen wir doch einmal sehen, er sagt auch: Geht in Ordnung, mach ich, klar, am elften Juno, hussa, hurra und heißa.

Heute trinkt Babar kein Bier. Vier Stunden Tiefschlaf genügen Babar zur Regeneration. Babar öffnet den Kühlschrank und sieht sich in aller Ruhe an, was ihm da so aufgetischt worden ist. Kein Wunder, dass er sich so fühlt, wie er sich fühlt. Babar isst jetzt Moos und Pilze, er macht einen Überlebenstest in einem Zelt im Berner Jura und kommt noch tapferer und gefährlicher nach Babarville zurück. Er hat ein lustiges Abenteuer in der Schweiz erlebt: bei der Schlacht von Grandson hat er versehentlich drei Burgunder auf einem einzigen Spieß aufgespießt. Die anderen Schweizer mussten sehr lachen, als sie das sahen. Babar ist schon fast ein Schweizer. Er weiß aber nicht so recht, ob die Schweizer ihn wirklich mögen, weil er einen so breiten grauen Rücken, einen so kleinen Rüssel und so große Ohren hat.

Das Buch
der Albträume

JA, Katze, da springst du in meine Arme. Wie sonst, wie einst. Aber siehst du denn nicht, Kater, dass du ganz wund bist, aufgeschlitzt, aufgerissen? Ja, da ist deine Leber, deine Milz, dein Darmgeschlinge. Schau doch. Offen alles, ein Blutbad. Dein Herz ist ein klopfender Klumpen. – Und siehst du denn die andere Katze nicht, dein Ebenbild, deinen Spiegel, deinen größten Feind? Ihr habt euch ineinander verbissen, und jeder weiß, beißend bis zum Wahnsinn, dass nicht nur das Spiegelbild, sondern auch er selber tot sein wird am Ende. – Ich helfe euch nicht, Viecher, ich will nicht, ich kann nicht.

WEISST du, Piepmatz, was Rache ist? Für andere, die nicht so harmlos im Geiste sind wie du? Weißt du, wie die andern Arme auf den Rücken drehen, Augen ausstechen, Beine ausreißen? Hitze in die Genitalien geben? Stromstöße? Oh, die Stromstöße, sie schmoren dich, das ist nicht lustig, Fleischvogel. – So, du hast keine Angst. Du hast also keine Angst, weil du keine Memme, sondern ein Mann bist. Ich will dir was sagen: Ein Bub bist du. Ein Kindelein, das die Brust haben möchte und kriegen sollte, gäbe es nur eine Gerechtigkeit auf Erden. Gott. Schau um dich. Da hast du dein Amselfeld, Elster. Dein Schlachtfeld, Krähe. Und, was hast du davon? Tot bist du. Tot sind deine Mutter, dein Vater, deine Kinder, deine Frau. Ist Stolz ein Gewinn? Triumph? Ja, du weißt immer eine Antwort, auch jetzt noch. Nur, Messer stechen auch in der Gegenrichtung. Schüsse gehen auch hinten hinaus. Feuer verzehrt auch dich, Kolkrabe.

HÖR zu, Frosch: Als Sigmund Freud begriff, dass er Jude war und was das bedeutete, erschrak er. Wenn er es war, Jude, war es schon seine Mutter gewesen, und so weiter bis ins letzte Glied. In die erste Rippe, die Eva hieß. Jetzt pass auf, Erdkröte: Sigmund Freud versuchte, das Beste daraus zu machen, das war nicht einfach zu jener Zeit. In England, wohin ihn das Judesein verschlagen hatte, war er krank und traurig. Er war so krank, stank so sehr, dass sogar sein Hund aus dem Zimmer lief, wenn Freud es betrat. – Du wirst jetzt auch gleich sehr traurig sein, Lurch, wenn du einmal ernsthaft bedenkst, was Freud getan hat trotz alledem und was du tust. Du kletterst krähend vor Vergnügen in den Bäumen deines funktionalen Analphabetismus herum, während Freud ein Wissen angesammelt hatte, das er ins Grab mitnehmen musste, weil du, Unke, zu blöd gewesen warst, demütig an seiner Hinterpforte zu warten und aufzuheben, was der Meister in den Hof warf. Stattdessen hast du auf den Hauptplätzen herumrumort, Kaulquappe, und gemeint, du seist du, während Freud wusste, dass gerade dies das Schwierigste von der Welt ist.

HAST du gewusst, Lamm, dass die Wände Blut schwitzen, dass die Fratzen der Dämonen auf ihnen zu sehen sind, siehst du nur genau hin? Aber du siehst nie genau hin, Rotkehlchen, Rehkitz, die Mauern sind dämonendurchtränkt. Jahrelang, über Jahrhunderte hin bleiben sie in scheinbarem Tod erstarrt, aber sie sind nicht tot, diese Wasserflecken, diese Blutkleckse, sie geraten jäh zum todbringenden Leben. Sie rotten das Haus aus, dich, andere. Nachher, mag sein, dass sie sich ins Mauerwerk zurückziehen, die alten Formen wieder annehmen. Vielleicht aber auch winden sie sich im Dämmer des Abends durchs hohe Gras zum nächsten Haus, dem, in dem du jetzt wohnst, Einhorn, dich in Sicherheit glaubst durch dein schlaues Einheiraten in ein anderes Gemäuer. Aber das nützt dir nichts, nichts, nichts, die Wasserfleckendämonen sickern in dich ein – das merkst du nicht, jetzt gerade tun sie es –, und jäh fließt du mit ihnen, wirbelnd, und bist schon in der Mauer gefangen, im Putz, ein Fleck nun selber. Begreifst erst jetzt, dass all die Wasserschatten da im Treppenhaus, im Gewölbe, im Korridor deine Ahnen sind, aufgesogen einer nach dem anderen, jeder zu seiner Zeit.

SOGAR ein Einsiedler, ein dem Himmel Höriger, kann ein Schrecken werden für dein Pfahlbauerndorf, dort unten, wo du siedelst, Zottelbär. Tagsüber sammelst du Beeren oder schaust nach den Rüben, nachts liegst du bei deiner Frau, dass die Pfähle quieren und ein jedes Mal noch die gesamte Siedlung im See verschwindet. All die unschuldig Schlafenden in den anderen Hütten, nasse Hintern haben sie. War, rufst du jedes Mal wieder, ich das? Fluchen, Lachen, so weit, so gut. Aber du machst die Rechnung ohne den Einsiedler, der tatsächlich ein Wirt ist, oben im Festlandwald. Tagsüber nimmt er die vorbeireitenden Boten der Hordenhäuptlinge aus, wie es sein Beruf ist. Nachts aber, Auerochs, zieht er los, zähnefletschend, steigt stracks zum See hinab. Du auf deiner Frau, merkst nichts. Wie er dein erstes Kind frisst, wie er dein zweites Kind frisst. Ja, am nächsten Morgen, da schreist du dann: Emo Zemo, wo seid ihr? Wenn er keine Kinder mehr finden wird, Schöps, rammt er auch dir die Pfähle seines Gebisses in den Leib, das weißt du doch, darum zeugst du doch mit ihm um die Wette. Aber, wetten, er wird schneller sein als du.

DU vergleichst dich mit Jesus, Stockfisch, ich weiß das. Du hast mir deine Blutmale mehr als öfter gezeigt. Und wie du im Bett liegst, diese Inri-Haltung, nicht auszuhalten. Schämst du dich nicht? Vergleich dich mit Gott, das macht mehr Sinn. Immerhin bist du dann ewig. Und schmerzlos. Nur: Woher weißt du, dass Gott keinen Humor hat? Schau mal in den Spiegel, Axolotl, bist du etwa kein Witz? Wie du da aufgeblasen am Kreuz hängst? Wisse, Zebu, Hunderttausende sind in diesem Jahrhundert aufgehängt worden, wenn auch nicht am Kreuz, und nicht von den Juden. Da fällst du weiter nicht auf, Esel, du, der du nach dem Einzigartigen gierst.

JA, da sitzt du vor deiner Staffelei, Ferkel, da malst du deinen Henkersmann, diesen Mähder mit seiner Sense. Rührend. Hast du schon einmal über dich geschaut? Am Himmel ist jede Art von Unrat, so auch jetzt, er fällt im freien Fall auf dich und dein Bild, auf diese grauenvolle Idylle in deinem süßen Städtchen. Mit all den entzückenden Autobähnelchen und den leckeren McDonaldleins. Mach dir nichts vor, Grottenolm. Du denkst, na ja, die in Afrika verrecken zwar und die auf dem Balkan auch, aber hier bei uns geht's doch noch so ziemlich soso lala. Mehr kann man nicht verlangen. Denkst du. Ich will dir was verraten, Stinktier. Erstens kann man mehr verlangen, sollte es sogar, und zweitens. Schau endlich über dich, schau nach oben. Da siehst du die Wahrheit. Die Wahrheit wird dich erschlagen haben in einer Sekunde und acht Hundertstelsekunden.

WAS sagt dir ein zerwühltes Laken? Erinnert es dich an goldene oder an schwarze Stunden? Wälz dich, Faultier, stell dich den Göttern, den Dämonen, die dich schütteln, dass du vergehst vor Angst. Oh, ja, das ist die Angst. Sie heißt Panik, ganz einfach Panik, drunter tun wir es nicht mehr, wir Bösen, wir werden dich jagen, bis du endgültig in der Ecke stehst. An der Mauer. Am Abgrund. – Nein, kein Abgrund. Das würde dir so passen, einfach so zu springen, zu zerschellen, oh, so leicht machen wir es dir nicht. Der Abgrund, den wir für dich bereithalten, ist die Angst selber, flüssige Angst, ein Abgrund voller Angst, die du trinken wirst Schluck für Schluck. Unkenntlich wirst du sein morgen früh, wenn deine Lieben dich suchen, ein so entsetzliches Entsetzen, dass sie nie mehr an dich denken können, nie mehr!, weil die Erinnerung an das Gesehene sie töten würde. Es gibt dich nicht mehr.

ICH bin der Abgrund, in den du stürzen wirst, Motte. Du vertraust mir, du hast mich lieb, ich bin dein Freund. – Pilzmücke, lern nun, was Verrat ist. Nämlich, ich lächle, ich strahle dich an. Aber ich kenne weder Gnade noch Liebe. – Komm, setz dich auf den Rand meines Blütenkelchs. Trink daraus. Schlürf von meinem Honigseim. Gell, der schmeckt, der Seim. Ah, der tut gut, der Honig. – Und jetzt. Jetzt hast du den Schritt zu viel getan. Du hast dich hingesetzt. Du gleitest aus. Ja, Schnabelfliege. Jetzt packt dich eine erste Ahnung. Dass ich eine Pflanze bin, eine fleischfressende Pflanze. Dass du meine Speise bist, nicht mein Liebling. Da bist du eben zu spät draufgekommen, Holzwespe. Da hättest du dich eben nicht auf meinen Kelchrand setzen dürfen. Klebrig ist der, und glitschig. Nach innen abgeschrägt. Eine Rutsche sozusagen, Mauerbiene. Eine Rutsche in mich. Deine sechs Beinchen halten sich mit ihrer letzten Kraft. Aber du weißt jetzt endgültig – ich sehe das Entsetzen in deinen Augen –, dass du nicht mehr aus mir herauskommst. Fünf Beine halten dich jetzt noch, vier, drei nun, nun zwei. Jetzt baumelst du am letzten Bein. Ich bin der Abgrund. Ich warte.

HAST du schon einmal einen Menschen sterben sehen? Ja? Sprich lauter, Murmeltier. Aha, ja, du hast schon. Und wie war es. Ah. Der Tote, der Sterbende, er war mager. Aha. Er war schwach, sehr schwach, verstehe. Er war so schwach, dass er die Augenlider nicht hochziehen konnte, und als dann doch, blieben die Augen weiße Löcher. Kein Blick. Aha, Iltis, ja. Der Sterbliche war unrasiert, aha, der Bart wuchs noch. Er war ein Mann, ja. Verstehe, Dachs. Er bewegte eine Hand, ein bisschen, zuweilen, ohne ein Ziel. Ja. Einmal sagte er etwas, ganz laut, mit seiner normalen Stimme wie immer. Einmal. Er sagte: Ich sterbe. Und dann starb er. Aha. Ich sterbe. Ein letztes Wort, ungewöhnlich, muss ich sagen. Aber wir wollen dir nochmals glauben, Eichhörnchen. Du kannst gehen.

HALT die Tür zu, stemm dich gegen sie mit all deiner Kraft, versuch nur, mich auszusperren. Nur wär's besser, mich anzuhören, Ochse. Ich weiß etwas so Furchtbares von dir, dass nicht einmal du weißt, was ich weiß. Aber dein Leben ist verwirkt, wenn jemand davon erfährt. Du hast die Wahl. Mit mir oder gegen mich. – Ruf sie nur an, deine Polizei. Rat mal, Affe, warum der Beamte am anderen Ende der Strippe so lacht. Erpresser, kichert er, haha, haben wir jede Menge. – Aber es geht um Leben und Tod, rufst du. – Jaja, Zwergziege. Um dein Leben. Nicht um meins, und auch nicht um das der Polizei. – Jetzt renn durch deine Wohnung, Knilch. Gell, das hast du nicht gewusst, dass dort hinten, wo du das Klo wähnst, eine zweite Eingangstür ist. Sperrangelweit offen. Stürz hin, stürz ruhig hin: Ich bin schon da. Ich stehe in deiner Wohnung. Ich hatte dich gewarnt. – Diesmal habe ich die Wölfe mitgebracht. Zwei Wölfe. Sie schnappen nach deinen Fingern, halten sie mit den Zähnen fest, beißen wie zum Spiel. Gerade nur so, dass du sie nicht mehr aus ihrem Maul herausziehen kannst. Mit jedem Schnappen haben sie ein bisschen mehr von dir gefasst. Du weißt, sie werden dich fressen.

Jede Katastrophe, Heringshai, kommt jäh. Eben
noch wandeltest du, und nun liegst du zerschmettert. Gerade noch plaudertest du mit deiner Liebs-
ten, und jetzt ist sie tot. Du kommst nach Hause,
Triumph im Herzen, einen Großauftrag in der Ak-
tentasche: und der Krankenwagen steht vor dem
Haus, Blaulicht, dein Kind. Ein Husten, ein beiläu-
figes Gespräch mit dem Arzt, und er sagt mit einem
bestürzend ungewohnten Gesicht: Ich muss Ihnen
etwas sagen. Ich mache nie Prognosen, nie, aber an
Ihrer Stelle. Regeln Sie Ihre Angelegenheiten, und
zwar heute noch. Sind Sie versichert? Das ist gut,
das wird nämlich teuer werden, Ihr Verrecken, sau-
teuer, wir werden Sie aufschnetzeln und ausweiden
und vollpumpen mit den teuersten Arzneien, und
am Schluss sind Sie dann doch hinüber. Ich streife
die Handschuhe ab. Der Kollege schaltet seinen
Fernseher aus, den mit den Herzschlägen, weil, da
ist nur noch ein Strich darauf, ein ewiger, grüner
Strich. Sendeschluss, Zitteraal. Aus.

NACHTS, unterm Mond, da heulst du, Igel, da schreist du, Tapir, denn wer sagt dir, dass sie nicht länger hinter dir her sind, die schwarzen Frauen, die weißen Frauen. Horden und Herden, alles Frauen, alte, sehr alte, uralte, tote. Die toten Frauen hetzen dich durch die Straßen, Mops, und sie werden dich zerreißen, wenn sie dich mal haben. Lauf, lauf.

ALS Gott noch fliegen konnte, flog er über dir, Grünling. Nie hast du nach oben geschaut, Spatz, und dich für den Schutz bedankt, für die Drohung, für den über dir schwebenden Tod. Gott ist ein Raubvogel, er holt sich seine Lieblinge im Sturzflug. Ein kleiner Schrei, ein Flügelschlagen – das bist du, Gimpel – und dann nur noch ein bisschen Blut im Sand. Gefiederreste. Gott fliegt längst anderswo, mit rotem Maule.

WER hat eine tote Mutter. Hand hoch. Aha. Viele. – Ich meine, wer hat eine tote Mutter, und sie lebt. Tot lebend, lebend tot. Ja. Schon einige weniger. War zu erwarten, ist nicht das Übliche. Ist nämlich schlimm, völlig schlimm, ganz völlig vollkommen entsetzlich, Schneehase, eine Mutter, die da ist und dennoch nicht lebt. – Hast du gesehen, wie sie dich ansieht? Ich will dir sagen, was sie denkt, Stolper- kaninchen. Sagen wir es so. Du weißt doch, wie die Jäger das machen. Dass sie dich an den Läufen neh- men und deinen Hasenkopf gegen einen Baum schlagen. Auf eisige Ackerschollen. Ja, so ist das. Freu dich, fürcht dich, wenn die Tür aufgeht und die Mutter über dich kommt.

MEIN Haubentaucher, sag, wie soll das jetzt weiter-
gehen? So nicht, ich meine, was ist das für ein Be-
nehmen. Dass du hier bei mir, das geht ja noch an,
obwohl. Aber wie du mit allen andern. – Schau,
Wiedehopf. Dass dich jemand aussetzt, auf dem
Mond zum Beispiel oder am Nordpol, ohne Voran-
kündigung und ohne Abschied, das kommt vor,
das ist der Lauf der Welt. *A little step for,* du weißt
schon, *a big step for you.* Ein paar Krallenabdrücke
im Staub, im Schnee. Das ist alles, was bleibt. Die
sind von. Gell, *du* weißt es. – Geh eben auch ein
paar Schritte, reiß dich halt zusammen, mach auch
ein paar Tappen. Die sind dann wenigstens von
dir. – Da kauerst du und wirst von kalter Panik
geschüttelt. Zitterst vor Einsamkeit. Dabei, kein
Mond weit, kein Mond breit. Und kein Nordpol,
auch kein Süd. Wo ist dein Problem. Aha. Ja. Ich
weiß. Ich habe das nicht erfunden, dass gerade die,
die man am heftigsten liebt, dass just die. Das ist so,
das ist ein Naturgesetz, so wie der freie Fall. Auch
der ist weiter nicht schlimm, die Landung ist es.
Amen, Ringeltaube. Der Nächste bitte.

so, einer hat dir also gesagt, Schnorchelhuhn, der Regen sei das Weinen aller toten Seelen im Himmel. Ihre Tränen. Ja, kennst du denn einen, der das weiß, Rüsselschwein? Ah. Einen Engel kennst du. Und der hat dir erzählt, dass. – Hör auf, hör auf der Stelle damit auf. Ich will das nicht auch noch wissen müssen. Dass die Seelen Tag und Nacht auf die Erde starren, starren und starren, weil das Gesetz sie zwingt, *alles* zu sehen. Was den Menschen angetan wird von anderen Menschen. Dir von mir, mir von dir. Kein Wunder, dass sie schluchzen, Truthahn. Jetzt wissen wir, warum es immer häufiger regnet. Kein El Niño, keine globale Erwärmung. Nein. Die Seelen haben zu nahe am Wasser gebaut.

ES kann schon sein, Fledermaus, dass Dichter Dichter fressen. Warum nicht, gute Idee. Herr Ober, die Karte. Ah, ah, der könnte mir schmecken, dieser weltberühmte Romancier da. Ist allerdings teuer. – Doch vielleicht diese Lyrikerin hier. Was für einen Wein trinkt man zu so einer? – Ah. So. Ja. Natürlich, natürlich. Das, worauf ich da bin, ist gar nicht das Speiselokal. Ich verstehe. Das ist ein Teller. *Ich* bin das Essen, ja. – Aber Sie dürfen mir nicht sagen, wer mich bestellt hat. Wer mich jetzt mustert. Wer an mir riecht. Wer mich jetzt verschlingt. Aha.

SCHREI, schrei, Spansau. Ich werd dich abstechen, das werd ich, auf mich kannst du dich verlassen. Egal ob du schreist oder brüllst. Kannst auch heulen, tun alle, fast alle, die Nachbarn halten längst nicht mehr inne in ihrem Tun. Sind's gewohnt. Folter, man gewöhnt sich an sie, ans Töten, solange es die anderen sind, meine ich. Du wirst dich an deine Folter nicht gewöhnen. An den Tod dann schon eher, dauert länger, ewig lang, habe ich mir sagen lassen. Ich meinerseits lege keinen Wert darauf, das zu erproben, Ferkel. Das überlass ich dir. Ein Bolzenschlag zwischen die Augen, und du bist hinüber, schneller, als du »quiek« sagen kannst. Also quiek jetzt schon mal, probeweise, dass wir was zum Lachen haben. Ja, gut, genau. So kannst du deine Haut retten. Allerdings nur die Haut, machen wir dann Handschuhe draus und Taschen, haha.

DIE Nacht ist die Axt, die dich spaltet, Meerschweinchenartiger. Die dort sind die, die sich an deinem Leiden weiden. Ich dann, Opossum, bin der, der dir die Nerven einzeln aus dem Fleisch zieht. Nacht für Nacht. – Du ahnst ja nicht, wie viele Nerven du in dir hast, alle verbunden miteinander. Die surren, Springnager, Springmaus, die sirren, deine Nerven. Ich weiß schon, bei 180 Volt, wie sollst du da schlafen. Kann kein Mensch, Sumpfbiber. Auch deine DNS-Kette ist nur so stark wie ihr schwächstes Glied. Kein Wunder also, dass du zitterst, dass du zagst. Beine und Arme zucken ganz von selbst. Du zappelst, du wehrst dich, bis dein schwächstes Glied reißt und du in deine Einzelteile zerklirrst, Scherben auf dem Teppich. Zusammengewischt von mir. In eine Urne tu ich dich, Tischratte, setz dich bei. Dann. Später. Wenn's so weit ist. Schlaf jetzt.

Stille Post

Alle kennen jenes Spiel, bei dem man, um den Tisch herum sitzend, dem Nachbarn einen Satz ins Ohr flüstert, den dieser so, wie er ihn eben verstanden hat, dem Nächsten zuflüstert und so weiter. Einmal um den Tisch rum. Der Letzte sagt laut die Botschaft, die ihn erreicht hat, und dann brechen wir stets in ein herzliches Lachen aus, weil das zu Beginn Gesagte dem beim Letzten Angekommenen nur in Spurenelementen gleicht. In Deutschland heißt das Spiel »Stille Post«.

Ich habe es, mit der Hilfe des Magazins *des Tages-Anzeigers, Zürich, und dem der* ZEIT, *Hamburg, auch gespielt. Das heißt, ich schrieb einen Text, einen literarischen, und wir schickten ihn rund um die Welt. Nach Spanien, China, England, Russland, Frankreich und dann zurück zu uns. Es waren alle Amtssprachen der Vereinten Nationen (außer Arabisch), und natürlich kannte der jeweilige Übersetzer, die Übersetzerin wie in der »Stillen Post« nur den letzten Text. Der Chinese den spanischen, der Engländer den chinesischen* etc. Das, was zurückkam, ließen wir dann von Sprachkundigen kommentieren. Meine Geschichte hieß:

Erste Liebe
Ein Brauch

In einem Weiler in der Schweiz, einer Handvoll
Stadel hoch oben zwischen den letzten Arven, gibt
es einen Brauch, den die Bewohner seit Menschengedenken und länger kennen, nämlich, immer im
Morgengrauen von Matthäi am Letzten (irgendwann im Juni) brechen die geschlechtsreif gewor-
denen Männer und Frauen auf (Kinder beinah
noch) und gehen los, die Burschen nach Osten, die
Mädchen nach Westen. Die einen gehen zuerst steil
bergan, an Gletschermühlen vorbei und über rot-
glühendes Firneis, die anderen müssen als Erstes
jäh bergab ins noch tiefdunkle Tal. Sie gehen stur
geradeaus. Kein Hindernis kann sie hemmen. Sie
benötigen keinen Schlaf, keine Nahrung. Sie durch-
wandern weite Ebenen, hören immer öfter den
Klang unbekannter Sprachen. Sandstürme umbrausen sie, Schneewirbel, Stauborkane. Wie sie die
Meere überqueren, ist ein Rätsel, das die aufmerk-
samsten Ethnologen bis jetzt nicht lösen konnten.
Jedenfalls, nach einem halben Jahr, abgemagert und
gereift, erreichen sie (die Männer von Westen her,

die Frauen von Osten) den Ort auf der anderen Erdseite, der ihrer Heimat am fernsten ist (die Ethnologen haben die Spur der Gehenden längst verloren), und dort ist es den jungen Menschen endlich erlaubt, sich zu lieben. Jeder umarmt die, auf die er als Erste stößt. Jede umfängt den, der als Erster vor ihr am Horizont auftaucht. Bald jubelt jeder Busch, jedes Gesträuch. Glück, wie wir es nicht kennen. – Es kommt allerdings schon vor, dass sich einer oder eine hinter einen Felsbrocken duckt, wenn just der oder die Falsche auftaucht, der tolpatschige Heinrich oder die kreuzblöde Lise. Das Schicksal ist unerbittlich, aber es ist auch blind. – Manche schießen auch, Ärmste unter den Armen, am Ziel vorbei, übers Ziel hinaus und kommen ungeliebt um. – Die Liebenden machen sich, erwachsen geworden, alle gemeinsam auf den Rückweg, lachend und plappernd, und treffen im Bergdorf ein, wenn sich gerade der nächste Pulk mündig Gewordener bereitmacht. Sie sind nun aller Sprachen der Welt mächtig und gelten als verheiratet. – Heute ist dieser Brauch allerdings am Aussterben. Man bricht nur noch pro forma auf. Die Verliebten treffen sich in einem Motel im Tal unten, keine zwei Wanderstunden weit weg. Sie genießen ihr erstes Mal immer noch, aber ihrer Leidenschaft fehlt etwas, verglichen mit der, von der die Uralten berichten. Auch haben sie keine fremden Sprachen mehr im Kopf, keine Bilder von Steppen und Sandorkanen mehr, die jungen Frauen und Männer jenes Dorfs aus ein paar Hütten hoch oben in den letzten Fichten irgendwo in der Schweiz.

Primer amor
(Una costumbre)

En un caserío de Suiza, un puñado de graneros muy
arriba, entre los últimos cembros, hay una costumbre que sus habitantes conocen desde tiempo inme-
morial y antes aún: siempre al amanecer de las postrimerías de San Mateo (algún día de junio), los
hombres y mujeres que llegan a la pubertad (casi
unos niños aún) emprenden el camino y se van; los
muchachos hacia el Este, las muchachas hacia el
Oeste. Los unos tienen que ascender primero pen-
dientes escarpadas, pasando junto a los sifones de
los glaciares y el hielo incandescente de los ventis-
queros; las otras, al principio, han de descender
bruscamente hacia el valle todavía sumido en pro-
fundas tinieblas. Todos caminan con decisión. Nin-
gún obstáculo los detiene. No necesitan dormir, ni
alimentarse. Atraviesan grandes llanuras, escuchan
cada vez más frecuentemente idiomas desconoci-
dos. Tormentas de arena los envuelven, remolinos
de nieve, huracanes de polvo. Cómo cruzan los ma-
res es un misterio que ni los más dedicados etnólogos han podido resolver hasta hoy. En cualquier

caso, seis meses más tarde, demacrados y maduros, llegan (los hombres por el Oeste, las mujeres por el Este) al lugar del otro lado de la Tierra más distante de su tierra natal (hace tiempo que los etnólogos perdieron su rastro), y allí pueden los jóvenes amarse por fin. Cada uno abraza a la que primero encuentra. Cada una rodea con sus brazos al que surge primero en el horizonte. Pronto exultan todos los arbustos, todos los matorrales. Una felicidad desconocida para nosotros … Puede ocurrir, sin embargo, que alguno o alguna se esconda tras una peña cuando aparece la persona equivocada: ese palurdo de Heinrich o esa Lise tonta de nación. El Destino es inexorable pero también ciego … Algunos, miserables entre los miserables, yerran su blanco, lo sobrepasan y regresan sin haber sido amados … Los amantes, ahora adultos, emprenden juntos el camino de vuelta, riendo y charlando, y llegan a su aldea de la montaña precisamente cuando la siguiente expedición de los que alcanzan la mayoría de edad se prepara. Ahora dominan todos los idiomas del mundo y se los considera casados … Sin embargo, la costumbre se está extinguiendo. Sólo se simula la partida. Los enamorados se reúnen en un motel del valle de abajo, a dos horas de camino apenas. Siguen disfrutando de esa primera vez, pero a su pasión le falta algo si se compara con lo que los ancianos cuentan. Tampoco tienen ya en la mente lenguas extranjeras, ni imágenes de estepas y huracanes de arena ... esos hombres y mujeres jóvenes de la aldea de unas cabañas situada muy arriba, entre los últimos abetos, en algún lugar de Suiza.

Aus dem Deutschen ins Spanische übertragen von Miguel Sáenz, 62, der in Madrid Übersetzungstheorie lehrt und Grass, Goethe und Thomas Bernhard übersetzt.

Da der fachkundige Übersetzer Miguel Sáenz gut eine andere Kultur neben der seinen gelten lassen kann, hat der Text seine Reise ziemlich unversehrt überstanden. Der Rhythmus schwingt weiter wie in der volkstümlichen Schweiz, da die deutsche Satzstruktur größtenteils übernommen worden ist. Lokalkolorit sowie derbe und trauliche Volksausdrücke hingegen sind teilweise auf der Strecke geblieben.

Problematisch wird es bei den Übersetzungen der sprichwörtlichen Redensart »Matthäi am Letzten« (Widmer benutzt hier den Ausdruck, der bedeutet, dass jemand am Ende seiner Kräfte ist, als wäre er ein Kalenderdatum) und des Verbes »umkommen«. Erstere hat sich in Madrid zu »las postrimerías de San Mateo« (»am Ende von San Mateo«) gewandelt, was im spanischen Kulturraum so viel bedeutet wie am Ende des Festes von San Mateo (Apostel), dem am 21. September gehuldigt wird. Während Letzteres zu »regresar« (»zurückkehren«) geworden ist. Die Ärmsten unter den Armen kommen somit nicht mehr ungeliebt um, sondern kehren zurück, ohne geliebt worden zu sein.

Zu den gängigen Reiseerlebnissen würde ich das Entstehen von »granero« aus »Stadel« am Anfang der Geschichte zählen. Dieser spanische Ausdruck birgt das Wort »Korn«. Es wird Konsequenzen haben. Das dem schweizerischen Volksgeist entsprechende »stur« läuft der spanischen Mentalität zuwider und ist somit in Madrid »mit Entschlossenheit« angelangt. Die »Gletschermühlen« haben auch eine Einbuße erlebt, indem sie zu »sifones de los glaciares« geworden sind, was so viel wie »Gletschersiphons« heißt. Es gäbe den spanischen Ausdruck »simas de glaciares«, der in seiner Bedeutung den deutschen »Gletschermühlen« entspricht.

Die Wiederholungen des gleichen Wortes (Anaphern) sind alle in ihrer ursprünglichen Form in Spanien angelangt. Andererseits sind die Wiederholungen des gleichen Anfangsbuchstabens (Alliterationen) nicht angekommen; was wohl zu den Strapazen einer solchen Reise gehört. Über das sehen wir aber großzügig hinweg, denn wie findet man für die drei Ausdrücke »Sandstürme«, »Schneewir-

bel« und »Stauborkane« drei spanische Äquiva-
lente mit gleichem Anfangsbuchstaben? Das wäre
reinste Zauberei. Der Preis für eine Erhaltung der
Alliteration hätte einzig und allein der Inhalt sein
können, und diesen galt es zu bewahren.

Susanne Beerli, 29, lebt als Übersetzerin und Romanistikstudentin in
Zürich.

初恋
（习俗之一）

在瑞士，<u>有一个村庄，它是全国为数不多的粮仓之一</u>。这个村庄地处高山之上，隐约可见于松柏丛林之间。很久很久以来，村里就有一种全村居民都很熟悉的风俗习惯。

每年六月份的一个早晨，天蒙蒙亮的时候，就是说在每年相当于圣马太晚年的一个早晨，村里所有刚到青春期的男男女女，其中有些可以说还是孩子，就纷纷开始长途跋涉。小伙子们向东走，姑娘们向西走。男的起步就是走崎岖上坡，穿越冰川积雪。女的则是急剧下坡，走向还是深沉阴暗的山谷。他们个个意志坚定，向前行进。<u>没有任何障碍可以阻挡他们，哪怕是狂风暴雨，飞沙走石或者雨雪交加</u>。他们不需要睡，也不需要吃。他们越过广大的平原，耳闻日益众多不同的语言。至于他们是如何飘洋过海的，这个问题到今天还是人类学专家心目中的一个谜。不管怎么说，六个月以后，人人都瘦了，但是都成熟了。男的从西边过来，女的从东边过来，他们不约而同到达了离开自己故乡最远的地方，那就是所在地球相反的另一端（人类学家早已失去了他们的行踪）。在这里，年青人终于相爱了。每一个男的拥抱他遇见的第一个女人。每一个女的伸开双臂迎向地平线下第一个冒出来的男人。<u>不久，草木丛生，气象更新。这是一种我们领略不到的幸运喜庆的感受…</u>

但是也可能发生另外一种情景。每当出现人员差错的时候，一个莽撞的海因里希或者一个笨拙的莉泽特，她或者他就会立刻躲开藏起来。命运的安排是无情的，但也是盲目的…<u>有的人可怜极了，他们找错了对象，错过了遇见的第一个人，于是只能打道回府而得不到别人的爱…</u>

那些已经相爱的人呐，眼下已经成年，他们成双成对，有说有笑地启程返回。他们抵达本村之时，恰恰就是下一批适龄青年整装待发之际。现在他们掌握各种语言，并为大家公认为是已经结了婚的人…

然而，这种风俗习惯正在逐渐消失。目前，那些热恋中的男女只是煞有介事，动身出发。<u>他们走了不到一个时辰的路程，就双双相会于山脚下公路两旁专供汽车旅客下榻的地方</u>。这些人依旧享受那种初恋的情爱。但是他们今天的爱同老人们对过去的传说，可不能相提并论了。他们的爱似已有所失。在他们头脑里，既没有飞沙走石或广阔草原的形象，也没有任何外语的知识…这些就是在瑞士的某个地方，来自高山丛林之间的乡村男女青年。

Aus dem Spanischen ins Chinesische übertragen von Liu Xiaopei, 68, der als Professor für Spanisch in Beijing lehrt.

Bei der chinesischen Version der Kurzgeschichte »Erste Liebe« hat sich der Übersetzer Prof. Liu Xiaopei aus Beijing interpretatorische Freiheiten herausgenommen, die sich Übersetzer literarischer Texte bei uns nicht leisten können.

Den Titel hat er so verändert, dass die Leserin eher einen volkskundlichen Text als eine ironische Geschichte erwartet. Der Text wurde ebenfalls mit einer vollständig neuen Gliederung in fünf Abschnitte versehen. Damit hat er der Geschichte einen neuen Rhythmus gegeben, ohne dabei aber die literarische Sprache auch gleich über Bord zu werfen.

Der Text behält trotz der vielen Missverständnisse eine literarische Qualität, die nicht nur einzelne Bilder in ihrer vollen Stärke aufleuchten lässt, sondern auch ironische Passagen beibehält.

Einige der wichtigsten Missverständnisse erhellen (in diesem Falle) leider weniger die Art, wie Chinesisch als Sprache funktioniert, sondern eher, wie »genau« es wohl einige chinesische Übersetzer manchmal nehmen.

Zu Beginn wird aus »einer Handvoll Stadel« im chinesischen Text »Einer der wenigen Kornspeicher im ganzen Land«. Einige Zeilen weiter unten überspringt Prof. Liu sogar zwei Sätze und setzt »Kein Hindernis kann sie hemmen« und »Sandstürme umbrausen sie, Schneewirbel, Stauborkane« zusammen zu »Kein einziges Hindernis kann sie aufhalten, selbst Gewitterstürme, Sand- und Steinstürme oder Schneestürme«. Die idiomatischen Ausdrücke (chengyu) bringen zwar die Mühen der Reise in sprachlich einwandfreier Form zum Ausdruck, doch siedeln sie das Geschehen mehr in den Bergen an.

Die Stelle »Bald jubelt jeder Busch, jedes Gesträuch. Glück, wie wir es nicht kennen« wird so entstellt, dass wir »Bald wachsen die Büsche und Bäume dicht, und die ganze Atmosphäre verwandelt sich. Dies ist ein Gefühl des Glücks und des Jubels, das wir nicht fähig sind nachzuempfinden« lesen. Es ist in der Tat schwierig, auf Chinesisch Büsche jubeln zu lassen. Ob da aber bei der Übersetzung nicht auch eine Portion Prüderie mitgespielt hat? Und warum ist der Felsbrocken, hinter dem man sich verstecken kann, plötzlich weg?

Den Text vollends missverstanden hat Prof. Liu aber an der folgenden Stelle: »Manche schießen auch, Ärmste unter den Armen, am Ziel vorbei, übers Ziel hinaus und kommen ungeliebt um.« Das liest sich dann: »Manche, die Kläglichsten, sie fanden den falschen Partner, oder sie verpassten die erste Person, die auftauchte, und mussten folglich unverrichteter Dinge umkehren, ohne je von einem anderen Menschen geliebt zu werden.«

Warum das Motel mitten im Text als »ein Ort an beiden Seiten der Hauptstraße, wo Autoreisende absteigen« erklärt wird, ist unverständlich; führt doch das »Deutsch-Chinesische Wörterbuch« einen Eintrag für dieses Wort schon seit 1982.

Wichtig ist es jedoch, anzumerken, dass im Text von Prof. Liu noch sehr viele Stellen die Zweideutigkeit erhalten haben. Die Sprache lässt noch vieles in der Schwebe, was aber bei einer Rückübersetzung in eine europäische Sprache zwangsläufig eindeutiger formuliert werden muss. Dabei können Untertöne verlorengehen, die im chinesischen Text noch mitschwingen.

André Kunz, 33, lebt als Sinologe und Japanologe in Zürich. Für das *Magazin* betreute er die Japan-Sondernummer im Mai 1993.

First Love
(folkways: 1)

There is a village in Switzerland which lies nearly lost to view among pine forests high in the mountains – it is one of the nation's few <u>breadbaskets</u>. For a long long time there has been a custom in this village, one all its inhabitants know well.

Every year on a morning in June, as dawn begins to light the skies, – on a morning, that is to say, very like the feast day of St Matthew – all the boys and girls of the village who are in the flower of their youth, including among them some who are no more than children, set off, one after another, on a long journey; the young men going east, and the young women west. The boys' path <u>lay</u> along a rugged upward slope, over glaciers and snowdrifts. The girls' way dropped sharply downwards toward valleys still deep in shadow. Each and every one of them strode riskly onward, full of determination. No obstacle could stay them from their courses – neither storms nor avalanches nor sleet. They neither slept nor ate. The further they progressed across the broad plain, the more strange tongues reached their ears. How they managed to cross the sea remains a question that perplexes anthropologists to this day. Whatever the case, after six months had passed, every one of them had grown thin, but all had matured. The young men came from the west and the young women from the east, and without prior arrangement arrived together at the furthest possible point from their village, quite the opposite end of the earth (ethnologists lost all track of them long before). Here the young people finally fell in love. Each young man embraced the first young woman he set eyes upon, and each young woman opened her arms to the first young man to appear over the horizon. Before long, grass and trees grew and the scene was transformed. We can hardly appreciate the good fortune and happiness that was theirs...

But, another sort of scene may have unfolded. In the event of a mismatch, say if an uncouth Heinz or an ungainly Lizavetta appeared, the waiting she or he would run away and hide. Fate disposes heartlessly, and also blindly ... there are those – how they are to be pitied! – who get the wrong mate, miss that first meeting, and as a consequence, can but return to their homes without having found their love ...

But those who have found love, have grown up

just like that, and two by two, laughing and chattering, they set off for home. They arrive in their old village just as the next batch of youths who've reached the appropriate age are all set and ready to go. Now they've grasped all sorts of languages and are acknowledged by one and all as married ...

Nevertheless, this custom is even now disappearing. Nowadays, young men and women caught up in the throes of love set off after making a great show of seriousness, but after a couple of hours' journey, they meet and pair off at inns for travellers on either side of the highway at the foot of the mountain. They too, enjoy the experience of first love just as those before them did. But the love they feel today cannot be spoken of in the same breath with that of the old folks in legends past. Something in it seems to have been lost. Their minds hold no images of scattering sands or falling rocks, or of the vast plain – and they know no foreign languages either ... These are the young men and women from villages high in the mountains of Switzerland.

Aus dem Chinesischen ins Englische übertragen von Janice Wickeri, 46, die in Hongkong die *Chinese Theological Review* und die Literaturzeitschrift *Renditions* herausgibt.

Wo deutschsprachige Menschen vom Regen in die Traufe geraten, fallen englisch- und italienischsprachige aus der Bratpfanne ins Feuer und tauschen frankophone ein einäugiges gegen ein blindes Pferd. Es sind solche idiomatisch genannte Wendungen, die – da sie nicht wörtlich übersetzt werden dürfen – den Übersetzern am meisten zu schaffen (und natürlich auch am meisten Spaß) machen. Der Widmer'sche »Stadel« hat sich über eine spanische Scheune in einen chinesischen Kornspeicher und von diesem in einen englischen Brotkorb (breadbasket) verwandelt, was im übertragenen Sinn »Kornkammer« bedeutet. Und wird die chinesische Wendung für »zufällig« wörtlich übersetzt, entsteht daraus »ohne vorherige Abmachung« (without prior arrangement). Wo die Paare sich im Deutschen, Spanischen und Chinesischen auch körperlich liebten, dürfen sie sich im Englischen nur noch verlieben. Und dies 93 Jahre nach dem Tod von Queen Victoria.

Vom literarischen Tonfall ist im englischen Text nichts mehr spürbar. Verloren ist Urs Widmers freundliche Ironie, das Schweben zwischen Legendenton und umgangssprachlichen Wörtern wie »kreuzblöde«, das hier unbeholfen mit »ungelenk« wiedergegeben wird. Der letzte Satz wird in zwei Sätze aufgeteilt, deren zweiter auch noch die letz-

ten Fichten fällt und somit kreuzblöd lautet: »Dies sind die jungen Männer und Frauen aus Dörfern hoch in den Bergen der Schweiz.« Für diese Etappe haben Urs Widmers Liebende von einem einäugigen Chinesen auf eine blinde Engländerin umgesattelt.

Thomas Bodmer, 42, freier Journalist und Übersetzer, hat zuletzt die wm-Sondernummer des *Magazins* redaktionell betreut.

Первая любовь
(народные обычаи)

Высоко в горах Швейцарии, среди хвойных лесов, почти затерялась одна деревня – из тех немногих, что и сейчас кормят всю страну. В течение многих лет в этой деревне сохранялся один старинный обычай, который до сих пор хорошо известен её жителям.

Раз в год, июньским утром, ну, скажем, в День Св. Матвея, на рассвете – все парни и девушки – и те, что достигли уже возраста цветущей юности, и даже почти дети, отправлялись в долгий путь; при этом юношам предстояло идти в восточном направлении, а девушкам – в западном. Парням надо было взбираться вверх и преодолевать крутые склоны и горные вершины, ледники и снежные заносы. А девушки – напротив – сразу же спускались вниз, в тихие долины, ещё окутанные ночной мглой. Бодро и решительно, не зная сна и отдыха, шли они вперёд – и ничто не могло остановить их – ни буря, ни лавина, ни мокрый снег, ни голый лёд.

Чем дальше удалялись они от родного дома в

сторону широких равнин, тем больше приходилось им сталкиваться с непонятными языками и наречиями.

Современные учёные до сих пор не могут понять, как удавалось им пересекать моря и океаны, но – как бы то ни было – похудевшие и повзрослевшие, юноши и девушки из горной швейцарской деревушки встречались где-то (учёным так и не удалось выяснить, где именно), на противоположной стороне Земли.

И там к ним, наконец, приходила любовь: парень сразу же обнимал ту девушку, которая первой появлялась перед ним с противоположной стороны горизонта, а девушка в свою очередь раскрывала навстречу ему свои объятия. И – разумеется – всё сразу преображалось и расцветало – зеленела трава, вырастали деревья. И трудно словами описать, как они могли быть счастливы и что ждало их впереди ...

Но могло случиться и другое. Ну, скажем, какому-нибудь Гейнцу первая попавшаяся Лизавета показалась чересчур уж неказистой, или – наоборот – она нашла его совсем уж для себя неподходящим и – не дожидаясь – сбежала.

Судьба – как известно – слепа и бессердечна! Были и такие, кто решался пренебречь своей первой и единственно верной встречей, и в результате – были навсегда осуждены жить не с той или не с тем, или возвращаться домой так и не найдя свою любовь ...

Но те, кто рос с любовью, и – соответственно – находил её, – те, весело болтая, парами, отправлялись в обратный путь.

И вот они возвращаются в родную деревню – как раз тогда, когда уже готов очередной отряд молодёжи, достигшей соответствующего возраста. Они научились многому, в том числе и разным языкам, и – кроме того – все признают вернувшихся мужем и женой ...

В настоящее время этот обычай, однако, вымирает. В наши дни молодые люди, охваченные любовным жаром, лишь делают вид, что имеют серьёзные намерения, на самом же деле, не удаляясь особенно от дома, спускаются вниз, к подножию горы, и встречаются просто в какойнибудь придорожной гостинице. Как и их предшественники, они, конечно, тоже наслаждаютсю радостями первой любви, но разве можно говорить об этой любви тем же высоким слогом, каким слагались легенды минувших дней? Разве не очевидно, как что-то безвозвратно уходит в прошлое?

Не знают современные молодые люди, что такое зыбучие пески, широкие поля и горные лавины ... Да и языков чужих молодёжь теперь тоже не знает ... Такая вот она сегодня, молодёж, что живёт высоко в горах Швейцарии.

Aus dem Englischen ins Russische übertragen von Dimitri Ukow, 48, der als Übersetzer aus dem Englischen und Polnischen und Jazz-Spezialist in Moskau lebt.

Ukow greift den Stil der sentimentalen Literatur des 18. Jahrhunderts auf. Dadurch ironisiert und russifiziert er gleichzeitig den Text: Das nüchterne Widmer'sche »ihrer Leidenschaft fehlt etwas« baut er zur pathetischen Frage aus: »Ist es nicht offensichtlich, dass etwas unwiederbringlich in der Vergangenheit entschwindet?«

Wo Männer und Frauen sich im Englischen individualistisch verlieben, werden sie bei Ukow metaphysisch »von Liebe überkommen« und überhaupt traditioneller in ihrem Verhalten: Wenn die Burschen »Berggipfel bezwingen«, ja sogar vom Übersetzer dazuerfundenes »blankes Eis«, steigen »die Mädchen im Gegensatz zu den Jungen sofort in stille Täler hinunter«. Statt des Manns erscheint die Frau auf der anderen Seite der Erde »am Horizont und öffnet dem Burschen ihre Arme«. Wo sich bei Widmer »einer oder eine hinter einen Felsbrocken duckt«, ergreift nun nur noch die Frau, »nachdem sie eine Ewigkeit gewartet hatte, die Flucht«.

Irena Brežná, 44, Schriftstellerin und regelmäßige Mitarbeiterin des *Magazins*, publizierte zuletzt eine Reportage über das Frauengefängnis Hindelbank.

Premier amour
(coutumes populaires, 1)

Dans les hautes montagnes de la Suisse, au milieu des forêts de conifères, il vit un village presque égaré: l'un de ces villages qui, aujourd'hui encore, assurent la nourriture du pays. Pendant très long-temps, ce village a préservé une coutume ancestrale, qui reste encore familière à tous ses habitants.

Une fois par année, à l'aube d'une matinée de juin – disons à la Saint-Matthieu –, tous les garçons et les filles du village, aussi bien ceux qui avaient déjà atteint la fleur de la jeunesse que les adoles-cents à peine sortis de l'enfance, se lançaient dans une longue balade, les jeunes gens partant vers l'est et les jeunes filles vers l'ouest. Les garçons devaient s'attaquer à la pente, passant raidillons et sommets, glaciers et congères. Les filles, en revanche, descen-daient vers les vallées calmes, encore enveloppées dans les brumes de la nuit. D'un pas vif et décidé, ignorant le sommeil et le repos, ils allaient ainsi de l'avant, et rien ne pouvait les arrêter, ni la tempête, ni l'avalanche, ni la neige détrempée, ni la glace nue.

Plus ils s'éloignaient de leur contrée natale, plus

ils s'enfonçaient dans le pays des vastes plaines, et plus il leur fallait affronter de langues et de dialectes inconnus.

Nos contemporains ne peuvent comprendre comments ils parvenaient à franchir mers et océans, mais quoi qu'il en soit, nos jeunes montagnards suisses, amaigris et mûris, se retrouvaient quelque part (les savants n'ont jamais réussi à déterminer le lieu avec précision) à l'autre bout de la Terre.

C'est ainsi qu'enfin ils découvraient l'amour: le jeune homme embrassait la première fille qui lui apparaissait, venant de l'autre côté de l'horizon, et la jeune fille, à son tour, lui ouvrait les bras. Et alors, cela va de soi, tout se transformait soudain et s'épanouissant: l'herbe mûrissait, les arbres poussaient. Et les mots ne suffisent pas à décrire comment ils pouvaient être heureux et quelles délices les attendaient …

Mais il pouvait aussi en aller tout autrement. Par exemple, un certain Heinz, voyant arriver une Elizabeth, pouvait la trouver tout à fait laide; ou bien cette dernière jugeait le garçon peu à son goût et décâmpait sans demander son reste.

Le destin, on le sait, est aveugle et impitoyable! Il y en avait qui décidaient d'ignorer cette première et authentique rencontre, et se voyaient condamnés, en fin de compte, à ne pouvoir vivre avec personne, ou a retourner chez eux sans avoir trouvé l'amour...

Mais ceux en revanche qui l'avaient trouvé et qui s'aimaient, prenaient la route du retour, en couples, bavardant gaîment.

Et les voilà qui retrouvaient leur village natal, au moment même où une nouvelle génération de jeunes gens s'apprêtait à prendre la route. Ils avaient appris beaucoup de choses – et notamment de nombreuses langues étrangères –, et tout le monde les reconnaissait comme maris et femmes...

A notre époque, cette coutume, de toute manière, est en train de disparaître. De nos jours, les jeunes gens saisis par l'ardeur amoureuse font semblant de nourrir des projets sérieux, mais en réalité, sans beaucoup s'éloigner de chez eux, ils descendent dans la vallée et se retrouvent tout simplement dans quelque auberge routière. Bien sûr, comme leurs prédécesseurs, ils goûtent eux aussi les joies du premier amour, mais peut-on évoquer cet amour-là sur un ton aussi solennel que l'on évoque les légendes des temps jadis? Et ne voit-on pas que quelque chose est en train de sombrer, irrémédiablement, dans le passé? Nos jeunes contemporains ne connaissent plus les dunes de sable, les vastes plaines et les avalanches de neige. Ils ne connaissent même plus les langues étrangères, ces jeunes-là … Telle est aujourd'hui la jeunesse qui vit dans les hautes montagnes de la Suisse.

Aus dem Russischen ins Französische übertragen von Despot Slobodan, 27, dessen Übersetzung von Dobrica Ćosić's Trilogie *Le temps du mal* 1991 erschien.

Das Misstrauen des Übersetzers seiner Vorlage gegenüber hat sich ausbezahlt. Holen wir den Text in unser Jahrhundert zurück, wird er sich gesagt haben. Und es ist nicht nur bei der Wortwahl geblieben. Die jungen Frauen bekommen bei ihm wieder gleiches Recht wie die jungen Männer. »Décamper« heißt »abhauen«. »Sans demander son reste« macht sich Elisabeth davon, ohne Umstände und Verzug. So wird es der Autor gemeint haben, spürt der vorletzte Übersetzer. Wenn er zwischen Freiheit und Treue zu wählen hat, muss er als Diener die Treue wählen. Auf den Zeilen. Aber zwischen den Zeilen, da lebt seine Freiheit weiter. Er führt, in Pillenform oder in Prisenmenge, ein bisschen Ironie in den Text zurück. »Le destin, on le sait, est aveugle et impitoyable!« Im »on le sait« (wie man weiß, bekanntlich) und im Ausrufezeichen klingt etwas vom Ton des Originaltexts nach.

Slobodan hält etwas auf sich, und er liebt das Französische. Sein Text äfft das Russische nicht nach, sondern liest sich wie ein französischer Text.

Die Lesbarkeit, ja sogar die Melodie des fremden Textes in seinem neuen Gewand sind diesem Übersetzer das oberste Gesetz. Er entscheidet sich für die Leserinnen und Leser, nicht für das Original (das für ihn die russische Übersetzung gewesen ist). Er will es nicht nur wiedergeben, sondern nahebringen.

Martin Schaub, 57, ist redaktioneller Mitarbeiter des *Magazins*.

Erste Liebe
(Volksbräuche, 1)

Hoch oben in den Schweizer Alpen, mitten in den Nadelwäldern, liegt ein fast weltvergessenes Dorf: eines dieser Dörfer, die das Land noch heute mit Nahrung versorgen. In diesem Dorf hat sich während langer Zeit ein <u>alter</u> Brauch erhalten, der all seinen Bewohnern noch bekannt ist.

Einmal im Jahr, in der Dämmerung eines Junimorgens – sagen wir zu Sankt Matthäus –, machten sich alle Knaben und Mädchen aus dem Dorf, diejenigen, die bereits in der Blüte der Jugend standen genauso wie die kaum der Kindheit entwachsenen Jugendlichen, zu einem langen <u>Bummel</u> auf, wobei die Burschen nach Osten, die Mädchen nach Westen aufbrachen. Die Knaben mussten den Hang in Angriff nehmen, Steilpfade, Gipfel, Gletscher und Wächten überwinden. Die Mädchen dagegen stiegen in die stillen, noch in den nächtlichen Nebeln liegenden Täler hinunter.

So schritten sie, ohne an Schlaf oder Ruhe zu denken, flott und entschlossen voran, und nichts konnte sie aufhalten, kein Sturm, keine Lawine, weder Schneematsch noch blankes Eis.

Je weiter sie sich von ihrer Heimat entfernten, desto weiter drangen sie ins Land der großen Ebenen vor, und desto mehr mussten sie sich mit unbekannten Sprachen und Dialekten herumschlagen.

Unsere Zeitgenossen können nicht verstehen, wie sie Meere und Ozeane überqueren konnten, aber wie auch immer, unsere jungen Schweizer Bergler trafen, abgemagert und gereift, irgendwo (die Gelehrten haben den Ort nie genau bestimmen können) am andern Ende der Welt wieder zusammen.

So entdeckten sie endlich die Liebe: Der junge Mann küsste das erste Mädchen, das ihm von der andern Seite des Horizonts her vor Augen kam, und das junge Mädchen empfing ihn seinerseits mit offenen Armen. Und dann, das versteht sich von selbst, verwandelte sich plötzlich alles und blühte auf: Das Gras reifte, die Bäume wuchsen. Und Worte reichen nicht aus, um zu beschreiben, wie glücklich sie sein konnten und welche Wonnen sie erwarteten... Aber es konnte alles auch ganz anders sein. Zum Beispiel konnte ein gewisser Heinz, der eine Elisabeth daherkommen sah, sie durchaus hässlich finden; oder dann fand letztere den Jungen nicht recht nach ihrem Geschmack und machte sich sang- und klanglos aus dem Staub.

Das Schicksal ist bekanntlich blind und unbarmherzig! Es gab welche, die beschlossen, diese erste, echte Begegnung zu übergehen, und sich schließlich dazu verurteilt sahen, mit niemandem leben zu können oder nach Hause zurückzukehren, ohne die Liebe gefunden zu haben …

Die andern dagegen, die sie gefunden hatten und sich liebten, schlugen als fröhlich plaudernde Paare den Rückweg ein.

Und da kamen sie nun also in ihr Heimatdorf zurück, genau in dem Moment, da sich eine neue Generation junger Leute zum Aufbruch anschickte. Sie hatten viel gelernt – zahlreiche Fremdsprachen insbesondere –, und jedermann anerkannte sie als Frau und Mann …

In unserer Zeit ist dieser Brauch auf jeden Fall im Verschwinden begriffen. Heutzutage tun die vom Liebesfieber gepackten jungen Leute so, als hegten sie ernsthafte Vorsätze, aber in Wirklichkeit steigen sie, ohne sich weit von zu Hause zu entfernen, ins Tal hinunter und treffen sich bloß in irgendeinem Landgasthaus. Natürlich genießen auch sie, wie ihre Vorgänger, die Freuden der ersten Liebe, aber kann man von dieser Liebe in so feierlichem Ton erzählen, wie man die Legenden aus alten Zeiten erzählt? Und sieht man nicht, dass etwas im Begriff ist, unrettbar in der Vergangenheit zu versinken?

Unsere jungen Zeitgenossen kennen die Sanddünen, die großen Ebenen, die Lawinen nicht mehr. Sie kennen nicht einmal mehr die Fremdsprachen, diese Jungen ... So ist die heutige Jugend, die hoch oben in den Schweizer Alpen lebt.

Aus dem Französischen ins Deutsche übertragen von Yla Margrit von Dach, 48, die u. a. am Centre de traduction littéraire der Universität Lausanne lehrt.

Die letzte Übersetzerin, die den Text sozusagen wieder heimführt, kennt sein Herkunftsland nicht bloß vom Hörensagen. Wo der französische Übersetzer »contrée natale« (Gegend der Geburt) und »village natal« (Geburtsort) sagte, braucht sie »Heimat« und »Heimatdorf«. Der Text wird in der letzten Übersetzung schlank und knapp, ohne dass viele Einzelheiten geopfert werden. Aber in der letzten Etappe der Übersetzerstafette schließen die Männer die jungen Frauen nicht mehr in die Arme (embrasser), sondern sie küssen sie (embrasser). Die »coutume ancestrale« (der von den Vorfahren her stammende Brauch) ist jetzt nur noch »alt«. Vor allem ist bei der Schlussläuferin das Motel, das in der französischen Version noch immer eine etwas schäbige »auberge routière« war, zum Landgasthaus (mit Bad-Dusche-WC, Frottéwäsche und Minibar) geworden. »Décamper sans demander son

reste« wird zwar nicht genau übersetzt, aber immerhin mit zwei sinnlichen stehenden Wendungen:
»sang- und klanglos«, »aus dem Staub machen«
wiedergegeben.

Martin Schaub, 57, ist redaktioneller Mitarbeiter des *Magazins*.

Epilog

Ich habe versucht, mit »Erste Liebe. Ein Brauch« einen schönen Text zu schreiben; einen, den man auch ohne das Spiel, das hier gespielt wird, gern läse. Einen literarischen. Also habe ich einen uralten Initiationsritus erfunden, in dem die jungen Frauen und Männer, die zum ersten Mal die Liebe erfahren wollen, rund um die Erde gehen müssen: genau wie mein Text. Und in der Tat hat auch er auf der Reise seine Unschuld verloren. Ja, er hat sich mit gleich sechs Geliebten einlassen müssen, und ich frage mich, ob die, die ihn so heftig beutelten, ihn auch alle von Herzen liebten. Obwohl ich keine hinterhältigen Fallen aufstellen wollte, habe ich doch ein paar Knacknüsse eingebaut: die Stadel und die Arven und die Fichten (die dann auch prompt einem Waldsterben zum Opfer fielen), die Gletschermühlen und das Firneis. (Dass das Motel verschwand, hat mich hingegen eher verwundert. Der Chinese hat es in eine meterlange Formel verwandelt, die in seinen Tuscheschnörkeln so hinreißend aussieht, dass ich mein Motel gern dafür her-

gebe.) Doppeldeutige Begriffe wie »Matthäi am Letzten« sind hingegen keine Fallen. Sie sind zwar schwer zu übertragen, gehören aber zum poetischen Alltag und müssen von einem literarischen Übersetzer bewältigt werden. Müssten – schon der Spanier sah den Doppelsinn nicht. (Samuel Beckett, mit den Jahren einigermaßen zweisprachig geworden, hat sich zuweilen selber übersetzt. Er war, wenn er das tat, ein Meister des kompensatorischen Texts. Einen Verlust – sagen wir, ein unübersetzbares Wortspiel – kompensierte er gleich darauf, indem er einen Kalauer hinschrieb, von dem im Original nichts zu finden ist. Ganz so weit darf ein Übersetzer, der nicht auch der Autor ist, natürlich nicht gehen. Es ist nicht sein Text. Aber ein bisschen muss er die Verluste ausbügeln, wenn er nicht ein Sklave des Textes bleiben und diesen in Sklavensprache verwandeln will.)

Wenn's kein Spiel wäre: wenn der deutsche Text, der zu uns zurückgekommen ist, der einzige wäre, den ich vorzuweisen hätte: wenn ich sagen müsste, ja, der ist von mir: dann wäre ich entsetzt. Da wir aber ein Spiel spielen und da mein Original am Leben geblieben ist, bin ich entzückt. Wie auch anders. Es wäre ja noch schöner, wenn das, was zu uns zurückgefunden hat, besser als das wäre, was ich einst geschrieben hatte. Ich hatte an diese Mög-

lichkeit gar nicht gedacht. Jetzt fühle ich mich wie der Reiter über dem Bodensee, eben am anderen Ufer angekommen. Da habe ich noch einmal Glück gehabt! Möglich wäre so was nämlich schon. Zum Beispiel finde ich, dass die Rückübersetzung vom Französischen ins Deutsche den Text eher wieder besser macht. Das nächste Mal jedenfalls werden wir etwas ganz Mieses nehmen, etwas von, na, Sie wissen schon, eine äußerst lausige Prosa halt, und die lassen wir den besten Übersetzern zukommen, nein, den allerallerbesten Übersetzerinnen (einer Spanierin, einer Chinesin, einer Engländerin, einer Russin, einer Französin und einer Deutschen), und die elende Prosa kommt wie ein sechsfach geküsster Frosch zurück, in den schönsten Prinzen verwandelt. Was ist geschehen, dass sich meine unschuldige Geschichte in etwas verwandelt hat, was sich wie eine Mischung aus einer Fingerübung des jungen Gustav Schwab und einem Beitrag für ein Lexikon der Volksbräuche liest? Ich kann sie schlecht beschreiben, meine Geschichte. Sie ist ihre eigene Beschreibung, so, wie sie dasteht. Mindestens bin ich sicher, dass sie vom Beginn bis zum Ende von einer schwebenden Ironie getragen wird. »Erste Liebe. Ein Brauch« ist natürlich ein leichter Text. Kein Klotz. Aber er ist kein Scherz: denn die erste Liebe ist kein Scherz. Er hat, auch wenn wir bei der

Lektüre lächeln, einen schmerzhaften Anteil, weil er uns nämlich erzählt, dass wir sogar in der Liebe – was haben wir Schöneres? – Verluste hinnehmen, die wir erst noch für Gewinne halten: indem wir auf den entbehrungsreichen Marsch auf die andere Erdseite verzichten – weg von den Blicken der Dorfbewohner – und uns mit dem nächstgelegenen Motel zufriedengeben. Ja, der größte Schaden, den die lange Reise meinem Text zugefügt hat, ist der völlige Verlust seiner liebevollen Ironie. Er hat sich in ein bierernstes, moralintriefendes Etwas verwandelt, von dem man nicht mehr weiß, was es überhaupt soll. Der Vorgang zeigt uns, dass die Sprache selber die Information ist. Sie reißt uns mit sich, oder sie ist nichts. Wenn sich die Sprache, und damit der Text, vom teilnehmenden Gefühl des Lesers trennt, ist alles verloren. Dann kann der Text uns die vermeintlich tollsten Dinge erzählen: er ist tot. Da spielt dann eigentlich auch keine Rolle mehr, dass jeder neue Übersetzungsschritt die Fehler aufs komischste ausbaut, weil die verzweifelten Übersetzer in das längst sinnlos Gewordene doch noch einen Sinn hineinbringen wollten. Dass manche in die Fallen tappen, die ihnen ihre Idiosynkrasien oder ihre Kultur oder beides zusammen stellen, so dass im russischen Text die Frauen schicksalsergeben auf die ihnen zugedachten Männer

warten, auch wenn der Text etwas ganz anderes er-
zählt. Dass der englische Text sexuelle Konnotatio-
nen meidet. Und dass irgendwann einmal eine Mo-
ral in den Text hineingelangt, die so absurd ist, dass
es ihr ums Haar gelingt, die längst verschüttgegan-
gene Ironie wieder zum Leben zu erwecken: »Un-
sere jungen Zeitgenossen kennen die Sanddünen,
die großen Ebenen, die Lawinen nicht mehr. Sie
kennen nicht einmal die Fremdsprachen, diese Jun-
gen… So ist die heutige Jugend, die hoch oben in
den Schweizer Alpen lebt.« Das ist nicht, was ich
einst geschrieben hatte. Ganz und gar nicht. Aber je
öfter ich es durchlese: Es ist vielleicht das, was ich
schreiben wollte! Denn stimmt es nicht, dass diese
Jungen, nicht wahr, hoch in den Alpen, nicht ein-
mal mehr die Fremdsprachen kennen? Geschweige
denn die Sanddünen? Die großen Ebenen? Und die
Lawinen?

Nachweise

Reise nach Istanbul
Erstmals in: »manuskripte«, 189/190, Graz, 2010

Yal, Chnu, Fibittl, Shnö
Erstmals in: »manuskripte«, 82/83, 1983

Macht und Ohnmacht
Unveröffentlicht.
Eine erste Version in: »manuskripte«, 156, 2006

Damals und jetzt
Erstmals in: »Akzente« 6, München, Dezember 2005

Grappa und Risotto
Unveröffentlicht

In Timbuktu
Erstmals in: »Tages-Anzeiger«, Zürich, 20. 1. 2000

Das Ende Richards III.
Erstmals in: »Theater heute«, Berlin, Jahrbuch 1997

Unverhofftes Wiedersehen
erstmals in: »Unverhofftes Wiedersehen«. Eine Hommage an
Johann Peter Hebel. Klöpfer & Meyer, Tübingen, 2010

Helden
Erstmals in: »manuskripte«, 25, 1969

Das Buch der Albträume
Erstmals bei Sanssouci, München, 2000 (illustriert von Hannes Binder)

Stille Post
Erstmals im »Magazin« 39, 1994 des Tages-Anzeigers, Zürich, und im ZEIT-Magazin, Hamburg, 21, 1995

Urs Widmer
im Diogenes Verlag

»Urs Widmer zählt zu den bekanntesten und renom-
miertesten deutschsprachigen Gegenwartsautoren.«
Michael Bauer / Focus, München

*Vom Fenster meines
Hauses aus*
Prosa

Schweizer Geschichten

Liebesnacht
Eine Erzählung

*Der Kongreß der
Paläolepidopterologen*
Roman

*Das Paradies
des Vergessens*
Erzählung

Der blaue Siphon
Erzählung

Liebesbrief für Mary
Erzählung

*Die sechste Puppe im
Bauch der fünften Puppe
im Bauch der vierten*
und andere Überlegungen zur Literatur. Grazer Vorlesungen 1991

Im Kongo
Roman

Vor uns die Sintflut
Geschichten

Der Geliebte der Mutter
Roman
Auch als Diogenes Hörbuch erschie-
nen, gelesen von Urs Widmer

*Das Geld, die Arbeit,
die Angst, das Glück.*

Das Buch des Vaters
Roman
Auch als Diogenes Hörbuch erschie-
nen, gelesen von Urs Widmer

Ein Leben als Zwerg

*Vom Leben, vom Tod
und vom Übrigen auch
dies und das*
Frankfurter Poetikvorlesungen

Herr Adamson
Roman

Stille Post
Kleine Prosa

Außerdem erschienen:

Shakespeares Königsdramen
Nacherzählt und mit einem Vorwort
von Urs Widmer. Mit Zeichnungen
von Paul Flora

Valentin Lustigs Pilgerreise
Bericht eines Spaziergangs durch 33
seiner Gemälde. Mit Briefen des Ma-
lers an den Verfasser

*Das Schreiben ist das Ziel,
nicht das Buch*
Urs Widmer zum 70. Geburtstag.
Herausgegeben von Daniel Keel und
Winfried Stephan

*Die schönsten Geschichten
aus Tausendundeiner Nacht*
Erzählt von Urs Widmer. Mit vielen
Bildern von Tatjana Hauptmann

Urs Widmer
Herr Adamson
Roman

Es ist Freitag, der 22. Mai 2032. Einen Tag nach seinem vierundneunzigsten Geburtstag sitzt ein Mann in einem üppig blühenden Garten – es ist der Paradiesgarten seiner Kindheit –, neben sich einen Rekorder, und spricht seine Geschichte mit Herrn Adamson auf Band. Er erzählt sie uns, aber vor allem Annie, seiner Enkelin. Und er wartet – auf ebendiesen Herrn Adamson, den er seit seinem achten Lebensjahr nicht mehr gesehen hat. Es war eine seltsame Begegnung. Ein Blick in Bereiche, die den Lebenden sonst verborgen bleiben.
Ein grandioses Buch, das mit seiner Vitalität und Lebensfreude zu bannen weiß, was der Skandal eines jeden Lebens ist: der Tod.

»*Herr Adamson* ist ein Versuch, den Schrecken des Todes im Schreiben magisch zu bannen und auf die Urangst eine versöhnliche Antwort zu finden. Urs Widmer hat ein Buch geschrieben, das wahrscheinlich sein privatestes ist. Vor allem aber ist es sein kühnster, verrücktester, riskantester und wohl auch bester Roman.« *Pia Reinacher / Die Weltwoche, Zürich*

»Ein raffiniert erzähltes, nachdenkliches und reifes Buch über den Tod. Ein Buch ohne Schlusspunkt.« *Michael Bauer / Focus, München*

»Einer der verblüffendsten und erfolgreichsten Schweizer Schriftsteller der Generation nach Frisch und Dürrenmatt.« *Frankfurter Allgemeine Zeitung*

Hugo Loetscher
im Diogenes Verlag

Hugo Loetscher wurde 1929 in Zürich geboren. Er war seit 1969 als freier Schriftsteller und Publizist tätig und bereiste regelmäßig Lateinamerika, Südostasien und die USA. Hugo Loetscher war Gastdozent an verschiedenen internationalen Universitäten und Mitglied der Darmstädter Akademie für Sprache und Dichtung. 1992 wurde er mit dem Großen Schiller-Preis der Schweizerischen Schillerstiftung ausgezeichnet. Er starb 2009 in Zürich.

Wunderwelt
Eine brasilianische Begegnung

Herbst in der
Großen Orange

Der Waschküchenschlüssel
oder Was – wenn Gott
Schweizer wäre
Geschichten
Auch als Diogenes Hörbuch erschienen, gelesen von Emil Steinberger

Der Immune
Roman

Die Papiere des Immunen
Roman

Die Fliege und die Suppe
und 33 andere Tiere in 33 anderen Situationen. Fabeln

Die Kranzflechterin
Roman

Abwässser
Ein Gutachten

Der predigende Hahn
Das literarisch-moralische Nutztier. Mit Abbildungen, einem Nachwort, einem Register der Autoren und Tiere sowie einem Quellenverzeichnis

Die Augen des Mandarin
Roman

Vom Erzählen erzählen
Poetikvorlesungen. Mit Einführungen von Wolfgang Frühwald und Gonçalo Vilas-Boas

Der Buckel
Geschichten

Lesen statt klettern
Aufsätze zur literarischen Schweiz

Es war einmal die Welt
Gedichte

War meine Zeit meine Zeit

Außerdem erschienen:

In alle Richtungen gehen
Reden und Aufsätze über Hugo Loetscher. Herausgegeben von Jeroen Dewulf und Rosmarie Zeller